Objectif développement

L'innovation au service du développement

ENSEIGNEMENTS DU COMITÉ D'AIDE AU DÉVELOPPEMENT DE L'OCDE

OCDE

DES POLITIQUES MEILLEURES
POUR UNE VIE MEILLEURE

Cet ouvrage est publié sous la responsabilité du Secrétaire général de l'OCDE. Les opinions et les interprétations exprimées ne reflètent pas nécessairement les vues officielles des pays membres de l'OCDE.

Ce document, ainsi que les données et cartes qu'il peut comprendre, sont sans préjudice du statut de tout territoire, de la souveraineté s'exerçant sur ce dernier, du tracé des frontières et limites internationales, et du nom de tout territoire, ville ou région.

Merci de citer cet ouvrage comme suit :
OCDE (2020), *L'innovation au service du développement : Enseignements du Comité d'aide au développement de l'OCDE*, Objectif développement, Éditions OCDE, Paris, *https://doi.org/10.1787/40737e4c-fr*.

ISBN 978-92-64-37602-1 (imprimé)
ISBN 978-92-64-38997-7 (pdf)

Objectif développement
ISSN 1990-1402 (imprimé)
ISSN 1990-1399 (en ligne)

Préface

L'innovation est à la racine de la coopération internationale. Dès avant la pandémie de la COVID-19, notamment du fait de la complexité des enjeux liés à la réalisation des Objectifs de développement durable (ODD), des appels de plus en plus urgents en faveur de l'innovation, laquelle suscite un intérêt grandissant, se sont fait entendre. La pandémie qui sévit actuellement sur toute la planète n'a fait que mettre davantage en lumière et creuser plus encore l'écart entre les ressources disponibles et les besoins sans précédent en matière de développement et d'action humanitaire, et a souligné à quel point l'innovation était vitale.

Avant la pandémie, de nombreux membres et partenaires du Comité d'aide au développement (CAD) ont commencé à intégrer dans leur portefeuille des activités innovantes, et à développer des capacités, systèmes et processus organisationnels de nature à faciliter la mise en œuvre de ces activités. Ces travaux ont revêtu une importance accrue au cours des premiers mois de 2020, l'objectif étant d'assurer l'efficacité des mesures prises face à la pandémie et d'atténuer les effets sociaux, économiques et politiques plus vastes de la crise.

L'Exercice d'apprentissage entre pairs du CAD-OCDE en matière d'innovation a été élaboré et déployé dans ce contexte, dans l'optique de renforcer l'apprentissage mutuel entre les membres du CAD quant à la façon de consolider les efforts d'innovation, tant sur le plan institutionnel que collectif.

Ce rapport de synthèse issu de l'exercice d'apprentissage au contact des pairs est riche d'enseignements positifs. Il met en évidence des avancées substantielles obtenues au cours de la dernière décennie à partir d'initiatives phares en matière d'innovation. De nombreuses innovations ont déjà eu des effets transformateurs sur la vie des populations pauvres et vulnérables dans le monde entier. On note également que les initiatives et programmes nouveaux visant à soutenir l'innovation se sont multipliés, et que de nombreux projets pilotes dans tous les champs du développement et de l'action humanitaire sont prometteurs. Nombre de ces activités ont été appuyées par les membres du CAD – et l'on remarquera que plusieurs d'entre elles se sont avérées essentielles dans les efforts internationaux visant à faire face à la COVID-19.

Les efforts d'innovation les plus fructueux que les membres du CAD ont conduits et soutenus combinent nouvelles technologies et progrès techniques avec des modèles d'activité et approches organisationnelles inédits, ainsi que des efforts pour réformer et transformer les institutions, les normes et les contextes politiques.

Lorsque de tels efforts occupent une place de premier plan dans les activités de développement, la formule est gagnante sur un triple front :

- **gagnante pour les populations pauvres et vulnérables**, dont les besoins sont mieux satisfaits, qui voient les possibilités s'offrant à eux concrétisées de manière plus significative et dont les capacités sont pleinement mises à profit
- **gagnante pour le secteur du développement et de l'humanitaire dans son ensemble**, de par les nouvelles approches créatives générées qui permettent d'agir sur des problèmes de longue date et de susciter des transformations sur le plan organisationnel

- **gagnante pour les organisations bailleuses**, lesquelles disposent ainsi des moyens de prouver les effets transformateurs de leurs investissements, au plan tant national qu'international.

Ce type d'effort d'innovation peut de moins en moins être considéré comme un simple atout de plus pour le secteur: c'est sans doute la meilleure voie pour atteindre les ODD et honorer d'autres engagements internationaux. Et ces enseignements ont une pertinence et une résonance réelles pour l'action menée actuellement face à la pandémie : en l'absence du triple gain décrit ci-dessus, nous ne serons pas à même de mettre au point des vaccins, des traitements ou toute autre innovation contre la COVID-19 et de les distribuer aux personnes qui en ont le plus besoin.

Il ressort clairement de l'exercice d'apprentissage entre pairs que l'innovation au service du développement va revêtir une importance grandissante. Afin de donner corps aux ambitions plus vastes du programme d'action en faveur de l'innovation, et ce à la mesure des circonstances exceptionnelles que connaît le monde actuellement, les membres du CAD doivent s'appuyer sur les solides travaux en cours afin de s'appliquer activement et durablement à encourager, favoriser, faciliter par des mesures d'incitation, et gérer les efforts déployés à l'international pour stimuler l'innovation.

Autrement dit, il ne faut pas soutenir l'innovation dans un vague espoir de résultat ou comme un nouveau domaine d'activité, mais parce qu'il s'agit d'un ensemble de capacités stratégiques transversales revêtant une importance centrale chez les membres du CAD et leurs partenaires. Il faut donc mobiliser ces capacités courageusement et systématiquement en vue d'atteindre les objectifs de développement et humanitaire les plus urgents et les plus complexes.

Cet excellent rapport fournit une évaluation claire et complète des forces et des faiblesses des activités d'innovation menées à ce jour, décrit la voie à suivre pour mettre l'innovation au service du développement et de l'action humanitaire, et fournit des outils robustes pour évaluer et améliorer les capacités d'innovation individuellement et collectivement.

Les événements de 2020 montrent que le besoin d'innovation rigoureuse, créative et collective pour faire face aux problèmes mondiaux est plus clair et plus grand que jamais.

J'espère que les membres du CAD et l'ensemble du secteur du développement tiendront compte de cet appel à l'action d'une actualité brûlante, utiliseront les éclairages et les orientations présentés ici, et redoubleront d'efforts pour concrétiser les objectifs de développement et humanitaire de manière créative et novatrice. Les personnes pauvres et vulnérables du monde entier ne méritent rien de moins de la part de ceux qui s'attachent à les soutenir, à les mettre en capacité d'agir et à les autonomiser.

Jorge Moreira da Silva

Directeur, Direction de la coopération pour le développement

Avant-propos

En 2018, le Comité d'aide au développement (CAD) de l'OCDE a lancé un exercice d'apprentissage entre pairs sur l'innovation au service du développement. Ce type d'exercice, qui complètent les habituels examens par les pairs réalisés par le CAD, privilégient l'apprentissage, la mise en commun des connaissances et le renforcement des capacités. Il permet aux membres de s'entendre sur des questions présentant un intérêt commun.

Cet exercice d'apprentissage entre pairs vise à améliorer les capacités des membres du CAD en matière d'innovation au service du développement et de l'action humanitaire afin de concrétiser le Programme 2030 tout en continuant de mettre l'accent sur l'efficacité du développement et en ne laissant personne de côté. Le présent rapport propose une synthèse des idées, enseignements et recommandations dégagés de cet exercice, pour éclairer l'action de ceux qui se sont déjà engagés dans l'aventure de l'innovation, et de ceux qui s'apprêtent à le faire.

Quatre pays se sont portés volontaires pour être étudiés lors de cet exercice d'apprentissage : l'Australie, la France, le Royaume-Uni et la Suède. Ils se sont proposés pour être analysés par des équipes d'apprentissage entre pairs, dirigées par un consultant principal, accompagné de représentants d'autres membres du CAD. Ces quatre pays ont apprécié les éclairages apportés par cet exercice d'apprentissage, comme le montrent les témoignages suivants.

Australie

Dans un monde en mutation et de plus en plus interconnecté, le ministère des Affaires étrangères et du Commerce (DFAT) est attaché à transformer la façon dont nous œuvrons à rendre l'Australie plus forte, plus sûre et plus prospère, notamment à travers nos activités internationales de développement. L'exercice d'apprentissage entre pairs facilité par le CAD-OCDE sur l'innovation au service du développement a fourni à l'Australie des indications utiles sur la façon dont le DFAT peut développer plus avant sa capacité stratégique d'innovation. Nous continuerons de recourir à l'innovation dans l'ensemble de notre organisation, notamment dans l'analyse des données, les partenariats et les pratiques de travail, afin d'apporter des solutions aux problèmes les plus pressants auxquels est confrontée la région indo-pacifique.

Clare Walsh, Secrétaire adjointe, DFAT

France

La France est résolue à tirer parti de l'innovation pour atteindre les Objectifs de développement durable et les objectifs de l'Accord de Paris. Le pouvoir de transformation que possède l'innovation sous toutes ses formes, des plus petites innovations sociales aux grands sauts technologiques, devrait être exploité avec méthode et de manière collaborative. Le processus d'apprentissage entre pairs engagé par le CAD-OCDE sur l'innovation a permis d'établir des passerelles utiles avec nos homologues au sein du comité et nous permettra de diffuser les meilleures pratiques, de discuter de nos actions et de nos investissements et de les coordonner. Ce rapport et les recommandations qu'il porte serviront utilement notre modèle d'innovation et notre réflexion stratégique sur l'innovation au service du développement. La France a participé à ce processus et a défendu un modèle d'innovation qui ne laisse personne de côté, et continuera sur cette voie.

Philippe Lacoste, Directeur de la Direction du développement durable, Ministère de l'Europe et des Affaires étrangères

Royaume-Uni

Le ministère britannique du Développement international (DFID) et le gouvernement du Royaume-Uni mettent fortement l'accent sur la façon dont nous pouvons tirer parti de l'innovation, notamment en utilisant mieux les données et les technologies, ainsi que de nouveaux modes de pensée, pour faire face à des défis complexes tels que le changement climatique, la pauvreté et les inégalités entre les sexes. Le processus déployé par le CAD-OCDE a aidé le DFID et ses partenaires à cerner les domaines dans lesquels des améliorations pourraient être apportées et les points forts sur lesquels s'appuyer. Les échanges avec les échanges avec des collègues de l'OCDE et des pairs ont été extrêmement utiles et ont apporté une motivation et une orientation supplémentaires à notre programme d'action en faveur de la transformation. Ce rapport de synthèse, qui arrive à point nommé, résume clairement à la fois les obstacles et les opportunités que rencontre la communauté internationale des donneurs dans son ensemble, et expose des idées sur la façon dont nous pourrions collaborer pour concrétiser le potentiel de transformation lié à l'innovation.

Richard Clarke, Directeur général, DFID

Suède

L'Agence suédoise de coopération internationale au développement (SIDA) a entrepris une série de transformations afin de mieux accomplir sa mission et d'accélérer la mise en œuvre du Programme 2030. L'innovation est un élément crucial de ce processus. L'exercice d'apprentissage entre pairs du CAD-OCDE est donc intervenu en temps opportun et s'est avéré très utile pour identifier les forces, les défis et les enseignements tirés de l'expérience, apportant une contribution et une inspiration à la poursuite de nos efforts. Les riches discussions qui se sont tenues avec les membres du CAD au cours de la mission ont permis de faire progresser l'apprentissage entre pairs et d'insuffler à la fois une énergie et des éclairages dans les discussions au sein de SIDA sur l'innovation dans la communauté du développement au sens large en Suède.

Carin Jämtin, Directrice générale, SIDA

Remerciements

Ce rapport n'aurait pu être réalisé sans l'engagement constant et dévoué des membres du Comité d'aide au développement, notamment les quatre pays ayant fait l'objet d'une étude de cas dans le cadre de l'apprentissage entre pairs (l'Australie, la France, le Royaume-Uni et la Suède) et les pays médiateurs de cet apprentissage (l'Australie, l'Autriche, le Canada, la France, l'Islande, les Pays-Bas, le Royaume-Uni et la Suisse). Le Groupe consultatif stratégique a fourni des orientations et des avis précieux tout au long de l'exercice d'apprentissage mutuel, et nous en remercions chaleureusement tous les membres : Tom Feeny (Secrétariat de l'International Development Innovation Alliance), Jane Haycock (ministère des Affaires étrangères et du Commerce, Australie), Benjamin Kumpf (ministère du Développement international, Royaume-Uni), Simon Maxwell (indépendant), Sophie Maysonnave (ministère de l'Europe et des Affaires étrangères, France), Alex Roberts (Observatoire de l'innovation dans le secteur public, OCDE), Loree Semeluk et France-Carole Duchesneau (Affaires mondiales, Canada).

Ce rapport a été rédigé par Ben Ramalingam, selon les orientations générales de Rahul Malhotra et Joëlline Bénéfice (Direction de la coopération pour le développement de l'OCDE). Cette équipe a bénéficié de l'assistance d'Autumn Lynch. Stacey Bradbury et Stéphanie Coic (OCDE, DCD) ont contribué à la préparation de ce rapport aux fins de sa publication.

Table des matières

GRAPHIQUES

INFOGRAPHIES

TABLEAUX

Suivez les publications de l'OCDE sur :

http://twitter.com/OECD_Pubs

http://www.facebook.com/OECDPublications

http://www.linkedin.com/groups/OECD-Publications-4645871

http://www.youtube.com/oecdilibrary

http://www.oecd.org/oecddirect/

Sigles et acronymes

AFD	Agence française de développement
CAD	Comité d'aide au développement
DFAT	Ministère des Affaires étrangères et du Commerce de l'Australie (*Department of Foreign Affairs and Trade*)
DFID	Ministère du Développement international du Royaume-Uni (*Department for International Development*)
G7	Groupe des Sept
GPE	*Global Prioritisation Exercise for Humanitarian Research and Innovation* (exercice de définition des priorités au niveau mondial pour la recherche et l'innovation dans le secteur humanitaire)
IDIA	International Development Innovation Alliance
iXc	InnovationXchange
ODD	Objectifs de développement durable
OPSI	Observatoire de l'innovation dans le secteur public
OSC	Organisation de la société civile
SIDA	Agence suédoise de coopération internationale au développement
USAID	Agence des États-Unis pour le développement international

Résumé

Au cours des vingt dernières années, l'intérêt porté à la réalisation du potentiel de l'innovation dans le développement international et l'action humanitaire, et les investissements qui y ont été consacrés, ont considérablement progressé. Les investissements dans des approches et des technologies nouvelles – des vaccins aux traitements de la malnutrition en passant par les services bancaires en ligne – ont transformé la vie des populations pauvres et vulnérables. On a vu apparaître de nouvelles méthodes et de nouveaux outils, de nouvelles équipes et de nouveaux départements, de nouvelles collaborations et de nouveaux partenariats, de nouveaux principes et de nouvelles méthodes de travail – de même qu'une prise de conscience selon laquelle le secteur doit faire plus qu'appeler à l'innovation : il lui faut s'atteler à innover lui-même.

Le présent rapport synthétise les idées et les enseignements qui se dégagent d'un exercice d'apprentissage entre pairs sur l'innovation au service du développement afin de mieux comprendre ce qui doit être fait différemment si l'on veut concrétiser le Programme 2030. Il présente des recommandations à l'intention des donneurs et de ceux qui, dans le secteur au sens large, souhaitent faire en sorte que les bienfaits de l'innovation profitent aux populations pauvres et vulnérables partout dans le monde.

Principaux constats

Les efforts d'innovation déployés par les membres du Comité d'aide au développement (CAD) se caractérisent par un certain nombre de **points forts** :

1. De nombreux efforts à visée transformatrice à l'appui du développement et de l'action humanitaire s'inspirent déjà d'une réflexion sur l'innovation et des approches qui y sont associées – allant de l'argent liquide dans les contextes humanitaires et de la microfinance jusqu'à la recherche de nouveaux vaccins.

2. Pour les membres les plus avancés dans ce domaine, les efforts d'innovation deviennent plus structurés, systématiques et orientés sur les objectifs, en particulier à l'échelle des projets et des programmes.

3. Différentes équipes se sentent en capacité de faire leurs de nouvelles approches, pratiques et idées, et la terminologie et les concepts de l'innovation sont aujourd'hui plus largement utilisés.

4. De nombreux efforts sont entrepris en vue de renforcer l'innovation au service du développement en tant que bien public mondial, et le réseau de l'International Development Innovation Alliance (IDIA) réunit un grand nombre des principaux acteurs du paysage de l'aide aux fins de la constitution de réseaux de relations et d'apprentissage collectif.

On relève également plusieurs **axes d'amélioration** :

1. Il faut définir plus clairement les objectifs et les ambitions assignés à l'innovation au service du développement tant au niveau institutionnel qu'au niveau sectoriel : quel est le but de l'innovation, comment fonctionnera-t-elle et pourquoi a-t-elle de l'importance ?

2. Les lacunes – en termes de stratégie, de gouvernance, de management, de coordination et de processus – devraient être abordées dans l'optique de renforcer la cohérence interne, la longévité des institutions, l'apprentissage collectif ainsi que les externalités et la durabilité du programme d'action pour l'innovation.

3. Les dispositifs organisationnels doivent être consolidés – de façon à améliorer les signaux, les exigences et les accords entre les différentes unités et équipes internes favorables aux mêmes transformations institutionnelles.

4. Des efforts plus résolus sont nécessaires dans les domaines de la collecte de données probantes et de l'apprentissage, de la gestion des risques, des enseignements à tirer et de la gestion des portefeuilles, ou du déploiement à l'échelle – efforts qui, pour certains, sont déjà en cours.

5. L'absence de véritable action durable aux côtés des pays en développement est un problème diffus, qui devrait être traité directement et collectivement de sorte que les efforts d'innovation soient plus pertinents et mieux adaptés, et qu'ils s'appuient sur les meilleures idées proposées partout dans le monde.

Principales recommandations

Les membres du CAD devraient, chacun, envisager d'appliquer les **recommandations** suivantes pour leurs organisations :

- Définir de façon plus claire et plus explicite une vision et une stratégie communes pour l'innovation.
- Mettre en place des incitations claires et définir quels sont les moteurs de l'innovation, en s'assurant que l'ensemble des membres du personnel ont aisément accès à cette information.
- Faire de l'innovation la cible de campagnes explicites de changement organisationnel.
- Améliorer la gouvernance de l'innovation au niveau des instances dirigeantes.
- Élaborer des trames narratives plus cohérentes et plus courageuses sur les risques liés à l'innovation.
- Prendre en considération le rôle des partenaires en place, ainsi que des acteurs dans les pays en développement et venant de ces pays.
- Investir dans les compétences d'innovation pour les membres du personnel à différents niveaux.
- Donner plus de force à la réflexion, à la collecte de données probantes, à la documentation, aux données et à la communication et les rendre plus systématiques.
- Faire de l'inclusion des utilisateurs finaux et des acteurs locaux un critère essentiel des analyses.
- Établir des processus plus solides d'intégration de l'innovation dans les programmes de développement et d'action humanitaire.
- Investir dans des processus de co-création avec des partenaires nouveaux et existants en relation avec des défis complexes et insolubles.

Les membres du CAD, considérés collectivement, pourraient prendre en considération les **recommandations** suivantes, en collaboration avec les réseaux en place, notamment l'IDIA :

- Œuvrer à la mise en place d'un groupe de leaders champions de l'innovation au service du développement.
- Mettre en place un « pôle » ou une plateforme pour mettre en commun, coordonner et faire vivre les activités à l'appui de l'innovation parmi les membres du CAD et au sein de la sphère du développement dans son ensemble.
- Développer un discours/une déclaration communs à l'échelle mondiale sur le rôle de l'innovation dans la sphère du développement et de l'aide humanitaire.

- Étudier le potentiel d'approches à l'échelle de l'ensemble des membres du CAD pour suivre et apprendre des efforts d'innovation menés par chacun.

- Amener les acteurs des pays en développement à jouer un rôle plus central dans l'écosystème de l'innovation au service du développement.

- Œuvrer, en collaboration étroite et dans le cadre de partenariats rapprochés, avec les principaux réseaux et acteurs de l'innovation, sur les plans tant externe qu'interne.

- Faciliter les efforts conjoints parmi les membres du CAD à l'appui d'une innovation radicale, qui permette l'anticipation et à visée transformatrice.

- Investir en vue de renforcer le suivi, l'évaluation et l'apprentissage des efforts d'innovation.

POURQUOI **INNOVER AU SERVICE DU DÉVELOPPEMENT ?**

L'innovation au service du développement est synonyme d'idées et d'actions pionnières, visant à améliorer la prestation de services, les produits et les politiques au bénéfice d'un développement inclusif et durable qui ne laisse personne de côté.

QUELS SONT LES INGRÉDIENTS NÉCESSAIRES ?

STRATÉGIE, LEADERSHIP ET CULTURE

ORGANISATION ET COLLABORATION

PROCESSUS PERMETTANT D'INNOVER

Les stratégies et le leadership apportent les stimuli et la motivation pour faire prospérer l'innovation. La culture et l'état d'esprit créent un environnement propice.

L'alignement des ressources, des dispositions institutionnelles, et des opportunités de collaboration protège les espaces d'expérimentation et les nouvelles idées.

Les efforts d'innovation doivent bénéficier d'un soutien tout au long de leur cycle de vie, depuis la mise en évidence des problèmes jusqu'à la mise en œuvre, l'évaluation, la diffusion et la mise à l'échelle des solutions.

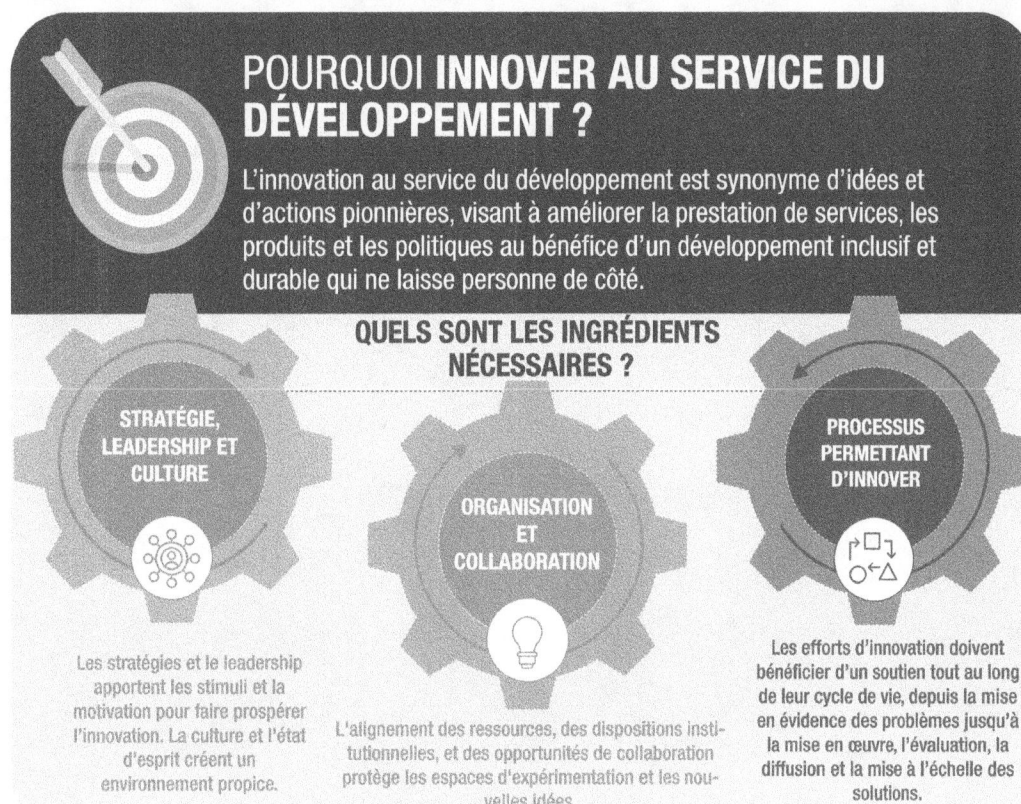

OÙ EN SOMMES-NOUS ?

- **Le leadership et le soutien** à l'innovation ne se traduisent pas encore par de nouvelles méthodes de travail.
- **Les stratégies d'innovation** sont plus axées sur le transfert d'innovations vers des pays en développement que sur la mise à profit d'idées locales ; les efforts d'innovation ont tendance à se superposer aux silos existants, au lieu de les supprimer.
- **Apprendre davantage en temps réel** ce qui fait que l'innovation fonctionne et intégrer l'innovation dans les processus existants est critique.
- **Le chaînon manquant** entre l'innovation et l'objectif : comprendre les problèmes et identifier les solutions devraient guider les efforts d'innovation.

PROCHAINES ÉTAPES POUR LE CAD de l'OCDE

LEADERSHIP | **Identifier les champions** de l'innovation et développer et formuler une trame narrative commune sur l'innovation.

COLLABORATION | **Unir les efforts avec ceux des acteurs de l'innovation** et les réseaux déjà en place, y compris les innovateurs locaux.

ACCÉLÉRATION | **S'engager à mener davantage d'actions conjointes** pour parvenir à une innovation radicale, anticipatrice et transformatrice.

1 Contexte de l'exercice d'apprentissage au contact des pairs sur l'innovation au service du développement

L'innovation au service du développement et de l'action humanitaire recouvre le financement et les technologies, ainsi que des stratégies, partenariats, modèles d'activité, pratiques, approches, perspectives comportementales et méthodes de coopération au développement nouveaux dans tous les secteurs. Ce chapitre explique la genèse de cet exercice d'apprentissage entre pairs, un défi prioritaire que les membres du Comité d'aide au développement (CAD) ont désigné, au cours de leur Réunion à haut niveau de 2017, comme requérant de toute urgence des recherches plus approfondies et un apprentissage. Il met en évidence les éléments constitutifs du renforcement des capacités d'innovation : la stratégie, la gestion et la culture ; l'organisation et la collaboration au service de l'innovation ; ainsi que le processus d'innovation en lui-même, partant de la mise en évidence des problèmes au déploiement des solutions à l'échelle.

Contexte

L'innovation a joué un rôle dans les efforts à l'appui du développement et de l'action humanitaire tout au long de l'histoire de la coopération internationale (Conway et Waage, 2010[1]). En 1867, Henri Dunant, homme d'affaires suisse, a suggéré l'innovation qui allait jeter les bases de l'action humanitaire moderne, plaidant pour la constitution de « sociétés de secours dont le but serait de faire donner des soins par des volontaires zélés, dévoués et bien qualifiés » (1939[2]). Environ 80 ans plus tard, en 1949, le Président des États-Unis, Harry S. Truman, a par son discours d'investiture ouvert l'ère moderne de la coopération pour le développement : il y faisait observer que « les ressources matérielles que nous pouvons nous permettre d'utiliser pour l'assistance à d'autres peuples sont limitées. Mais nos ressources en connaissances techniques – qui, physiquement, ne pèsent rien – ne cessent de croître et sont inépuisables ». Dans la même allocution, le président Truman appelait aussi à lancer « un nouveau programme qui soit audacieux et qui mette les avantages de notre avance scientifique et de notre progrès industriel au service de l'amélioration et de la croissance des régions sous-développées » (1949[3]).

Ces deux dernières décennies, la concrétisation du potentiel d'innovation dans les activités humanitaires et pour le développement international a suscité un intérêt grandissant, assorti d'investissements croissants. Dans le domaine humanitaire, diverses innovations permettent de sauver des vies ou d'améliorer les conditions de vie : programmes de transferts monétaires, approches communautaires visant à remédier à la malnutrition des enfants ou nouvelles technologies pour la gestion de crise (Obrecht et Warner, 2016[4]). Pour ce qui concerne l'aspect développement du système, un demi-million d'enfants ont reçu toute la panoplie des vaccins essentiels destinés à sauver des vies, grâce à de nouvelles avancées biomédicales qui ont fait baisser le coût des médicaments, conjuguées à l'amélioration des systèmes nationaux de délivrance de vaccins, qui ont eux-mêmes bénéficié de solutions innovantes dans des domaines tels que la logistique ou la réfrigération.

Par ailleurs, grâce à la rapide expansion des opérations bancaires via les téléphones mobiles, des millions de ménages pauvres ont pu avoir accès à des services financiers pour la première fois, ce qui leur a permis de lisser leurs flux de revenus, d'améliorer leur résilience face aux chocs et aux tensions et de dépasser les seuils critiques de pauvreté. Au nombre des autres exemples courants, on peut citer les semences renforcées à l'intention des petits exploitants, ou de nouvelles sources d'énergie renouvelables, qui permettent aux communautés les plus pauvres de se procurer des moyens de subsistance plus propres, plus abordables et plus durables (Ramalingam et Bound, 2016[5]).

Cet effort collectif a captivé l'imagination des personnalités au plus haut niveau de la coopération internationale. Dans la seconde moitié des années 2010, de nouveaux accords mondiaux majeurs ont été noués en faveur d'ambitions et d'efforts communs en matière de développement et d'action humanitaire, qui mettent tous fortement l'accent sur le rôle de l'innovation. Au sein du secteur du développement, la définition, en 2015, des Objectifs de développement durable (ODD) par les Nations Unies a donné un cadre aux efforts d'innovation, qui constituent un moyen fondamental pour exploiter le potentiel sans précédent de solutions innovantes à apporter aux problèmes complexes auxquels l'humanité fait face collectivement (Charles et Patel, 2017[6]). Cette même année a été créée l'International Development Innovation Alliance (IDIA), plateforme collaborative associant les principales agences internationales, dans l'objectif commun de promouvoir activement et de faire progresser l'innovation comme moyen de contribuer à la mise en œuvre du développement durable (IDIA, s.d.[7]). L'année suivante, le Sommet mondial sur l'action humanitaire, qui s'est tenu à Istanbul, a fait de l'innovation l'un des objectifs clés des efforts déployés sur le plan humanitaire à l'échelle mondiale, partie intégrante de la manière dont le secteur devrait s'attacher à progresser à l'avenir et à répondre à des besoins mondiaux sans cesse croissants (AGNU, 2016[8]). En 2018, l'innovation au service du développement est apparue dans le programme d'action du G7 sous la présidence du Canada, avec l'adoption des principes de Whistler pour accélérer l'innovation au service du développement.[1]

Les plus radicaux de ces appels à renforcer l'innovation plaident pour une transformation de la coopération internationale, au niveau de ses réalisations, de ses modalités et de ses acteurs. Cela s'appuie sur la reconnaissance du fait que les innovations les plus importantes pour le développement ne proviennent pas du système international, mais de ceux qui vivent et travaillent dans les pays en développement à travers le monde.

Outre ces déclarations et initiatives à fort retentissement appelant à recourir à l'innovation pour atteindre des objectifs ambitieux, l'investissement dans l'innovation en tant que processus et en tant qu'activité faisant partie intégrante des efforts de coopération internationale ne cesse d'augmenter. Depuis une décennie environ, les principales organisations internationales ont déployé des efforts concertés pour mieux réunir les moyens nécessaires à l'innovation et la faciliter. Un consensus émerge sur le fait que les organisations internationales doivent s'adapter si elles veulent conserver leur pertinence, leur réputation et leur efficacité (Ramalingam et al., 2015[9]).

On a vu apparaître de nouvelles méthodes et de nouveaux outils, de nouvelles équipes et de nouveaux départements, de nouvelles collaborations et de nouveaux partenariats, de nouveaux principes et de nouvelles méthodes de travail – de même qu'une prise de conscience grandissante de la nécessité pour le secteur de faire plus qu'appeler à l'innovation : il lui faut s'atteler à innover lui-même.

Comme dans tout secteur ou toute industrie cherchant à développer l'innovation, des difficultés demeurent. Il faut notamment :

- veiller à ce que le secteur du développement et celui de l'humanitaire puissent reproduire la modalité innovante
- dégager, promouvoir et encourager les meilleures idées créatives
- travailler efficacement avec des acteurs, tels que le secteur privé, les entrepreneurs, les scientifiques, les administrations nationales, la société civile ou les communautés pauvres et vulnérables
- investir de manière cohérente et patiente malgré la complexité et l'incertitude
- assurer une gestion efficace des risques
- rester concentré sur les utilisateurs finaux et les impacts
- déployer à l'échelle les nouvelles approches, qui viennent souvent bousculer les intérêts en place
- s'assurer que l'innovation ne correspond pas à une mode éphémère, mais soit bien un catalyseur de transformation.

Contexte de ce rapport

Le CAD-OCDE travaille sur l'innovation au service du développement depuis plusieurs années (voir Graphique 1.1 pour une chronologie des principaux événements en matière d'innovation au service du développement et de l'aide humanitaire). À sa Réunion à haut niveau de 2017, l'innovation au service du développement et de l'action humanitaire dans une perspective globale était définie comme suit :

> *« le financement et les technologies, mais aussi les politiques, partenariats, modèles de gestion, pratiques, approches, perspectives comportementales et méthodes de coopération au développement [et assistance humanitaire] nouveaux dans tous les secteurs ».*

C'est dans ce contexte qu'en 2018, le CAD-OCDE a conçu et lancé son exercice d'apprentissage entre pairs consacré à l'innovation au service du développement Ces exercices d'apprentissage entre pairs, qui viennent compléter les habituels examens par les pairs réalisés par le CAD, privilégient l'apprentissage, la mise en commun des connaissances et le renforcement des capacités. Ils permettent aux membres de s'entendre sur des questions présentant un intérêt commun. En l'occurrence, l'exercice sur l'innovation au service du développement était motivé par le souhait particulier de permettre aux membres de mieux comprendre ce qui doit être fait différemment si l'on veut donner corps au Programme 2030 tout en continuant de mettre en avant l'efficacité du développement et l'engagement de ne laisser personne de côté.

Graphique 1.1. Principaux efforts déployés en faveur de l'innovation au service du développement, 2010-19

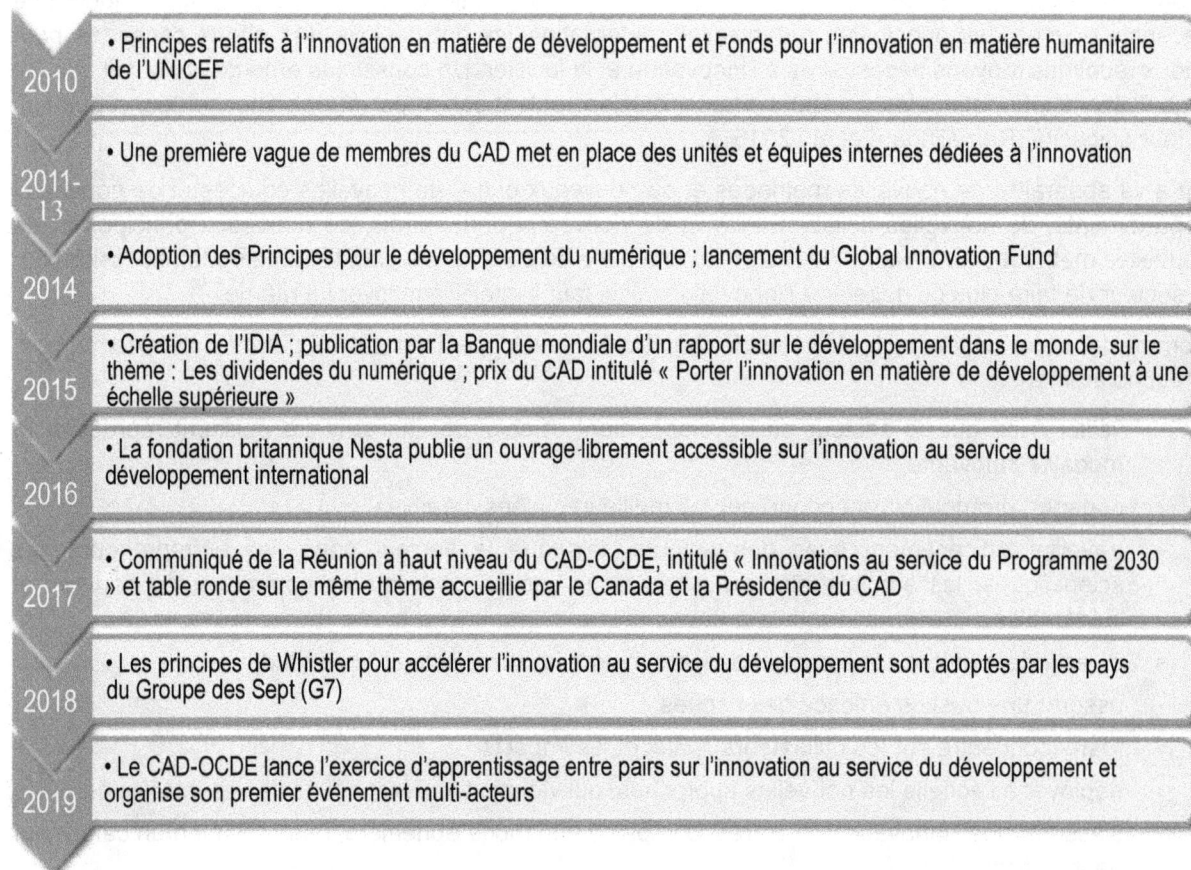

2010
- Principes relatifs à l'innovation en matière de développement et Fonds pour l'innovation en matière humanitaire de l'UNICEF

2011-13
- Une première vague de membres du CAD met en place des unités et équipes internes dédiées à l'innovation

2014
- Adoption des Principes pour le développement du numérique ; lancement du Global Innovation Fund

2015
- Création de l'IDIA ; publication par la Banque mondiale d'un rapport sur le développement dans le monde, sur le thème : Les dividendes du numérique ; prix du CAD intitulé « Porter l'innovation en matière de développement à une échelle supérieure »

2016
- La fondation britannique Nesta publie un ouvrage librement accessible sur l'innovation au service du développement international

2017
- Communiqué de la Réunion à haut niveau du CAD-OCDE, intitulé « Innovations au service du Programme 2030 » et table ronde sur le même thème accueillie par le Canada et la Présidence du CAD

2018
- Les principes de Whistler pour accélérer l'innovation au service du développement sont adoptés par les pays du Groupe des Sept (G7)

2019
- Le CAD-OCDE lance l'exercice d'apprentissage entre pairs sur l'innovation au service du développement et organise son premier événement multi-acteurs

L'objectif général de l'exercice d'apprentissage entre pairs était d'améliorer les capacités des membres du CAD en matière d'innovation au service du développement et de l'action humanitaire, en portant une attention spécifique aux progrès sur les aspects suivants :

- définir l'innovation et l'intérêt qu'elle présente pour la coopération pour le développement
- mettre en évidence les moteurs de l'innovation et les obstacles
- fournir des incitations à l'innovation, la gérer, la mettre en œuvre et communiquer sur ses bienfaits
- mesurer, suivre et évaluer l'innovation, les éléments probants montrant ce qui fonctionne et pourquoi
- soutenir l'innovation d'initiative locale dans les pays partenaires
- déployer l'innovation à l'échelle en coordination avec d'autres acteurs
- mettre en évidence les bonnes pratiques observées dans d'autres secteurs, notamment dans des pays de l'OCDE.

Le présent rapport propose une synthèse des idées et des enseignements qui se dégagent de cet exercice, pour éclairer l'action de ceux qui se sont déjà engagés dans l'aventure de l'innovation, et de ceux qui s'apprêtent à le faire. Il présente des recommandations à l'intention des donneurs et de ceux qui, dans le secteur en général, souhaitent faire en sorte que les bienfaits de l'innovation profitent aux populations pauvres et vulnérables partout dans le monde.

Méthodologie

L'exercice d'apprentissage entre pairs, réalisé par le CAD entre décembre 2018 et novembre 2019, s'est articulé autour des activités suivantes :

- une enquête auprès des membres du CAD, menée entre décembre 2018 et mars 2019
- des recherches documentaires, y compris dans la littérature grise des membres du CAD et dans la littérature plus générale portant sur l'innovation
- des consultations avec des représentants du CAD
- des entretiens avec les principales parties prenantes des secteurs du développement et de l'action humanitaire
- quatre missions dans les capitales de membres du CAD, en Australie, en France, au Royaume-Uni et en Suède, avec des études de cas approfondies
- un atelier multipartite à Paris en octobre 2019 (OCDE, 2019[10]).

La conception et la mise en œuvre de l'exercice d'apprentissage entre pairs ont été soutenues par le Groupe consultatif stratégique, composé de spécialistes de l'innovation des membres du CAD, de représentants de l'Observatoire de l'innovation dans le secteur public (OPSI) de l'OCDE et de membres indépendants.

L'exercice d'apprentissage a commencé, en décembre 2018, avec l'enquête auprès des membres, destinée à dresser un état des lieux pour l'ensemble de ces pays. Sur les 30 membres du CAD, 24 ont apporté des réponses, qui ont été étudiées et utilisées pour éclairer les analyses et les échanges avec des représentants du CAD et le Groupe consultatif. Ces réponses ont permis d'affiner encore et de recentrer l'exercice d'apprentissage au contact des pairs, et d'éclairer la conception des instruments d'apprentissage auprès des pairs.

De vastes consultations sur la méthodologie ont conduit à l'élaboration d'un cadre permettant aux membres du CAD de réfléchir sur les capacités d'innovation, à la fois au niveau de chaque membre et collectivement (Graphique 1.2). Aux fins du présent rapport, les capacités peuvent être comprises comme différentes aptitudes nécessaires pour favoriser, générer et gérer l'innovation grâce à l'utilisation de ressources internes et externes. Ces capacités, les éléments constitutifs de l'innovation, ont ensuite été testées avec les membres du CAD et des membres du Groupe consultatif stratégique.

Graphique 1.2. Cadre des capacités d'innovation : Les éléments constitutifs de l'innovation dans la sphère du développement et de l'action humanitaire

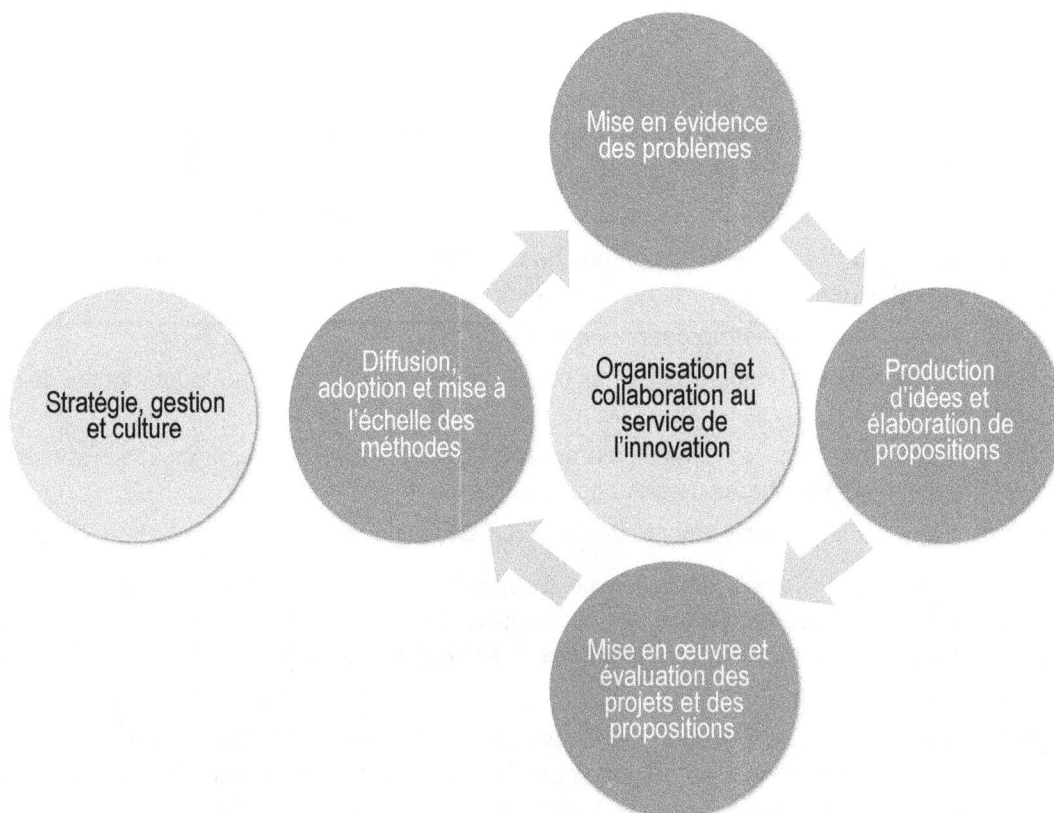

Pays d'étude de l'exercice d'apprentissage et pays médiateurs

Quatre pays se sont portés volontaires pour être étudiés lors de l'exercice d'apprentissage : l'Australie, la France, le Royaume-Uni et la Suède. Ils se sont proposés pour être l'objet d'étude des missions d'apprentissage, être analysés par les équipes médiatrices de l'apprentissage entre pairs, dirigées par un consultant principal, accompagné de représentants d'autres membres du CAD.

Par ailleurs, cinq autres pays se sont joints à l'exercice: l'Autriche, le Canada, l'Islande, les Pays-Bas et la Suisse. Ces membres ont proposé des personnes clés spécialisées dans l'innovation ou intéressées par le sujet pour qu'elles fassent partie de l'équipe de médiation, qui s'est attachée à dresser un tableau des efforts des pays d'étude, de leurs modalités de travail et des possibilités pour les renforcer.

Des missions dans les pays d'étude se sont tenues entre juillet 2019 et novembre 2019, débouchant sur quatre études de cas approfondies. De plus, un atelier multipartite a été organisé en octobre 2019 au siège de l'OCDE à Paris. Cet atelier a réuni les membres du CAD, des représentants d'organisations internationales, d'organisations de la société civile et des milieux universitaires, des organisations du secteur privé et des spécialistes de l'innovation, entre autres. L'objectif était de favoriser et d'éclairer un débat productif et de produire des idées sur le rôle actuel et futur de l'innovation au service du développement.

L'innovation au service du développement recouvre de multiples dimensions que les membres du CAD cherchent à cerner et à étudier. Plusieurs capacités différentes ont été mises en évidence grâce à l'enquête auprès des membres et à l'examen de la littérature sur le sujet. Ce dernier s'appuie sur les cadres et modèles existants et les intègre, y compris les cadres de l'OPSI sur l'apprentissage au service de l'innovation ; les travaux de la fondation britannique Nesta sur les capacités d'innovation et les voies vers l'innovation au service du développement ; des discussions et des travaux de fond sous-tendant les principes de Whistler établis par le G7 ; les travaux actuellement menés par l'IDIA sur l'innovation au service du développement ; et le programme d'apprentissage de la stratégie pour l'innovation du ministère australien des Affaires étrangères et du Commerce.

Ces travaux ont permis de dégager plusieurs capacités communes chez les membres du CAD (voir Graphique 1.2). Les capacités d'innovation ont été analysées et regroupées en trois domaines :

* stratégie, gestion et culture (sujet du Chapitre 2)
* organisation et collaboration au service de l'innovation (Chapitre 3)
* processus d'innovation (Chapitre 4), comprenant : la mise en évidence des problèmes ; la production d'idées et l'élaboration de propositions ; le déploiement et l'évaluation de projets d'innovation ; et la diffusion, l'adoption et le déploiement à l'échelle de telles approches.

Le processus d'apprentissage entre pairs s'est largement inspiré du cadre sur les capacités d'innovation (Graphique 1.2) pour présenter des idées, possibilités et options sur la manière de renforcer l'innovation en vue d'atteindre les objectifs en matière de développement et d'action humanitaire, individuellement et collectivement. Ce cadre a été utilisé pour :

* structurer l'ensemble des missions et créer une approche et un langage communs aux participants à l'exercice pour échanger et réfléchir sur les efforts d'innovation
* orienter les entretiens individuels, les groupes d'étude et les ateliers
* structurer le dialogue collectif lors de l'atelier multipartite en octobre 2019
* établir une structure pour le retour d'information aux pays d'étude de l'exercice d'apprentissage
* éclairer la mise en place du cadre et de la structure du processus de synthèse, ainsi que le présent rapport.

Le reste du rapport s'articule comme suit :

* Les chapitres 2 à 4 synthétisent les conclusions se dégageant des pratiques observées chez les membres. Ils mettent l'accent sur les éléments factuels recueillis lors les missions dans les pays d'étude et dans les études de cas qui en ont été tirées, tout en s'appuyant sur les constats de l'enquête, l'examen de la littérature générale et les entretiens.
* Le chapitre 5 synthétise les conclusions générales, dégage les forces et les opportunités dans les différents pays d'étude, et présente des recommandations à prendre en considération par les membres du CAD pour les différents stades de leur parcours vers l'innovation, ainsi que par le comité en tant que tel.

Références

AGNU (2016), *Une seule humanité, des responsabilités partagées*, Assemblée générale des Nations Unies, New York, https://undocs.org/fr/A/70/709. [8]

Charles, K. et D. Patel (2017), *Estimating the SDGs' Demand for Innovation*, Working Paper 469, Centre for Global Development, Washington, D.C., http://www.cgdev.org/sites/default/files/estimating-sdgs-demand-innovation.pdf (consulté le 1 janvier 2020). [6]

Conway, G. et J. Waage (2010), *Science and Innovation for Development*, UK Collaborative on Development Sciences, https://assets.publishing.service.gov.uk/media/57a08af840f0b652dd0009f2/Science_and_Innovation_introduction.pdf. [1]

Dunant, H. (1939), *Un souvenir de Solférino*, Comité international de la Croix-Rouge, https://www.icrc.org/fr/doc/assets/files/publications/icrc-001-0361.pdf. [2]

IDIA (s.d.), *International Development Innovation Alliance, site web*, http://www.idiainnovation.org/about-idia (consulté le 1 janvier 2020). [7]

Obrecht, A. et A. Warner (2016), *More Than Just Luck: Innovation in Humanitarian Action*, HIF/ALNAP Study, Londres, http://www.elrha.org/wp-content/uploads/2015/01/hif-alnap-2016-innovation-more-than-luck.pdf (consulté le 1 janvier 2020). [4]

OCDE (2019), *Accelerating Innovation for Development Impact: Summary Record*, OCDE, Paris, http://www.oecd.org/dac/development-assistance-committee/Accelerating-Innovation-for-Development-Impact-Summary-Record.pdf (consulté le 1 janvier 2020). [10]

Ramalingam, B. et K. Bound (2016), *Innovation for International Development: Navigating the Paths and Pitfalls*, Nesta, https://media.nesta.org.uk/documents/innovation_in_international_development_v7.pdf. [5]

Ramalingam, B. et al. (2015), *Strengthening the Humanitarian Innovation Ecosystem*, University of Brighton, Brighton, https://assets.publishing.service.gov.uk/media/57a08977e5274a31e00000c6/Humanitarian_Innovation_Ecosystem_Research_Project_FINAL_report_with_recommendations.pdf. [9]

Truman, H. (1949), *Inaugural Address, Thursday, January 20, 1949*, http://www.let.rug.nl/usa/presidents/harry-s-truman/inaugural-address-1949.php (consulté le 1 janvier 2020). [3]

Notes

1   Voir   www.international.gc.ca/world-monde/international_relations-relations_internationales/g7/documents/2018-05-31-whistler-development-developpement.aspx?lang=fra.

2 Stratégie, gestion et culture nécessaires à l'instauration d'un climat propice à l'innovation

La stratégie, l'exercice d'un leadership et la gestion sont autant d'éléments qui apportent à l'innovation la dynamique et l'espace qui permettent aux approches innovantes de croître et de prospérer. De leur côté, la culture, les capacités et l'état d'esprit créent un climat porteur pour les activités d'innovation. Le présent chapitre examine la place de l'innovation dans les ambitions, stratégies et déclarations institutionnelles des membres du Comité d'aide au développement (CAD) de l'OCDE. Si le soutien des instances dirigeantes à l'innovation a été important au niveau des politiques, des déclarations et des discours, le chapitre identifie d'autres moyens de favoriser l'adoption plus générale de nouvelles méthodes de travail et de nouveaux comportements. Il recense également les éléments de la culture organisationnelle des membres du CAD qui appuient les approches créatives et novatrices et celles qu'il convient d'améliorer pour établir des organisations innovantes.

Messages clés

L'innovation est en train de prendre une place croissante dans les ambitions institutionnelles affichées par les membres du CAD relatives leur politique de coopération pour le développement et d'aide humanitaire. Le présent chapitre analyse les objectifs stratégiques, les approches administratives et la culture organisationnelle qui ont favorisé cette émergence.

- La stratégie, l'exercice d'un leadership et la gestion apportent à l'innovation la dynamique, la motivation et l'espace qui permettent aux approches innovantes de croître et de prospérer. La culture, les capacités et l'état d'esprit des organisations créent un climat porteur pour les activités d'innovation.

- L'innovation fait désormais partie intégrante, implicitement et explicitement, des ambitions, des stratégies et des déclarations institutionnelles des membres du CAD, à des degrés très divers sur l'échelle des progrès. On compte parmi les membres de nouveaux expérimentateurs, des développeurs dynamiques et des intégrateurs établis. L'innovation est recherchée pour de multiples fonctions : mieux utiliser les ressources rares, maximiser les retombées sur les bénéficiaires visés, tirer parti des nouvelles technologies, mobiliser les idées venant d'autres sphères que celles du développement et de l'action humanitaire, et donner une nouvelle dimension à la coopération internationale.

- Les efforts d'innovation n'ont pas encore permis de lever les cloisonnements stratégiques et thématiques mais s'y sont superposés. Les efforts d'innovation restent cloisonnés entre eux et partiellement déconnectés des activités « traditionnelles » des membres du CAD.

- De nombreuses stratégies d'innovation se fondent sur l'hypothèse implicite d'une « transmission de l'innovation » par les pays membres du CAD, par opposition à une « facilitation de l'innovation », menée en collaboration avec les partenaires dans les pays en développement et à leur profit.

- Le soutien des instances dirigeantes à l'innovation a été vigoureux au niveau des politiques, des déclarations et des discours, mais il ne s'est pas toujours traduit par un appui plus général à l'adoption de nouvelles méthodes de travail, de nouveaux comportements ou de nouveaux processus.

- Il n'existe pas de culture unique de l'innovation dans les organisations des membres du CAD. On peut en revanche y observer des cultures très diverses – dont certaines sont favorables à l'innovation, tandis que d'autres s'y opposent.

- Les compétences en matière d'innovation et les mécanismes de renforcement des capacités ont été établis au coup par coup, et limités par la pénurie de moyens. Des investissements plus importants ont été réalisés dans la mise en place de programmes et d'activités d'innovation que dans les capacités nécessaires à une organisation innovante.

Comment la stratégie, l'exercice d'un leadership et la gestion encouragent-ils l'innovation ?

La stratégie, l'exercice d'un leadership et la gestion sont autant d'éléments qui insufflent une dynamique à l'innovation et créent le climat porteur dans lequel les mentalités et les approches innovantes peuvent croître et prospérer. Ils établissent notamment un contexte propice à l'innovation, encouragent et stimulent la participation, favorisent l'instauration d'une culture où des idées novatrices sont produites et exploitées, et investissent dans les systèmes et processus auxiliaires.

Situation actuelle

Les réponses à l'enquête auprès des membres CAD, leurs documents internes et d'autres études attestent des efforts engagés pour concevoir, développer, mettre en œuvre et amplifier des solutions innovantes et créatives à l'appui de l'aide humanitaire et du développement. Dans certains cas, ces opérations se sont déroulées sur plusieurs décennies et s'appuient sur des efforts connexes (Encadré 2.1).

Encadré 2.1. Exemples d'innovation facilités par la Suède et la France

Dans les années 80, plusieurs organismes suédois, dont l'Agence suédoise de coopération internationale au développement (SIDA), ont financé les recherches menées par Jan Holmgren et Ann-Marie Svennerholm, immunologistes à l'hôpital universitaire de Sahlgrenska, à Göteborg. En collaboration avec des chercheurs de l'*International Centre for Diarrhoeal Disease Research* (icddr,b), au Bangladesh, ceux-ci ont mis au point le premier vaccin anticholérique ; ce dernier n'a cependant essentiellement été utilisé, pendant de nombreuses années, que par les voyageurs se rendant dans des régions touchées par le choléra. Grâce à la collaboration avec des laboratoires pharmaceutiques établis en Corée, en Inde, et au Viet Nam, le développement et la fabrication du vaccin se sont poursuivis dans l'objectif de produire un vaccin sûr, efficace et bon marché accessible aux communautés pauvres. La coopération au développement suédoise a accompagné chaque étape du processus de recherche et développement - découverte initiale, tests, expérimentation, commercialisation, adaptation au profit des populations pauvres, homologation internationale, préqualification de l'OMS, production et distribution mondiale. En 2019, J. Holmgren et John D. Clemens, Directeur de l'icddr,b, ont reçu le prix Prince Mahidol, l'un des prix les plus prestigieux au monde dans le domaine de la santé (SIDA, 2019[1]).

Unitaid est une structure innovante intervenant dans le domaine de la santé mondiale, en grande partie financée par une taxe prélevée sur les billets d'avion. Créée en 2006, elle assure un financement durable pour pallier les inefficiences des marchés en matière de médicaments, de tests de diagnostic et d'outils de prévention du VIH/sida, de la tuberculose et du paludisme dans les pays en développement. Depuis 2006, Unitaid a apporté à ses partenaires des financements pour la réalisation de 24 projets et engagé plus de 2 milliards USD. En 2012, une évaluation indépendante a estimé que ses réalisations « n'auraient pas été possibles sans le rôle moteur joué par la France ». Plus particulièrement, le ministère français des Affaires étrangères a montré la voie en préconisant et en instaurant la taxe internationale sur les billets d'avion, qui contribue pour les deux tiers au budget de Unitaid ; les contributions directes de la France représentent par ailleurs plus de la moitié de son budget total. Unitaid n'est pas seulement un mécanisme de financement innovant, mais un organisme qui favorise et amplifie l'innovation. En investissant dans les innovations les plus prometteuses en matière de prévention, de diagnostic et de traitement, l'organisme accélère l'adoption des outils et solutions les plus efficaces et les moins onéreuses, et renforce ainsi l'effet des programmes qu'il finance. Des études récentes montrent qu'un euro investi par Unitaid rapporte de sept à dix fois le montant initial de l'investissement (Unitaid, 2018[2]).

Comme le montrent ces deux exemples, les activités d'innovation s'articulent avec d'autres mesures visant à améliorer et renforcer les travaux des membres du CAD, notamment les suivantes :

- action collective et sensibilisation parmi les membres du CAD et à plus grande échelle (voir Unitaid)
- science et recherche au service du développement – l'investissement approfondit les connaissances et développe les capacités moyennant des recherches méthodiques et fonctionnelles dans les pays développés et en développement (voir vaccin anticholérique)

- politique et pratique du développement fondées sur des données factuelles, mettant l'accent sur les compétences et les capacités du personnel des organismes donneurs à recueillir, évaluer et utiliser ces informations.

Source : SIDA (2019[1]), *Successful Support for Cholera Vaccines Saves Thousands*, www.sida.se/English/press/current-topics-archive/2019/successful-support-for-cholera-vaccines-saves-thousands ; Unitaid (2018[2]), *Unitaid: Innovation In Global Health*, https://unitaid.org/unitaid-ar-1617/pdf/Annual-report2016-17.pdf.

Si l'importance et l'utilité de ces activités sont incontestables, il ressort clairement des études de cas et de l'enquête menée auprès des membres que l'innovation a acquis une dimension stratégique et une portée institutionnelle plus formelles au cours de la décennie écoulée. L'innovation fait désormais partie intégrante, implicitement et explicitement, des ambitions institutionnelles des membres du CAD (20 enquêtés sur 24 ont répondu par l'affirmative). Le terme apparaît dans bon nombre, sinon dans la plupart, des stratégies et déclarations d'orientation de haut niveau, notamment les déclarations et discours ministériels, les livres blancs, les stratégies ministérielles, et les stratégies propres aux différents services, y compris ceux portant sur certains secteurs, pays et thématiques.

Ces références à l'innovation indiquent que celle-ci remplit différents rôles et fonctions dans les pays membres du CAD, et sert notamment à :

- utiliser de manière plus efficace et efficiente des ressources rares
- maximiser les retombées sur les bénéficiaires visés
- tirer parti des nouvelles technologies, notamment, mais pas exclusivement, les innovations numériques
- mobiliser les idées émanant d'autres sphères que celles du développement, en particulier du secteur privé, mais aussi des milieux scientifiques et universitaires
- transformer certains domaines d'activité de la coopération internationale, et le fonctionnement du secteur dans son ensemble.[1]

Certains membres ont fait de l'innovation un objectif secondaire de leurs stratégies et politiques générales, et lui ont en outre consacré des déclarations qui énoncent des ambitions et des engagements institutionnels précis. Dans un tiers des cas environ, ceux-ci revêtent la forme de stratégies, politiques ou déclarations formelles portant spécifiquement sur l'innovation (Encadré 2.2). Certaines de ces déclarations stratégiques se rapportent à des domaines apparentés, comme le développement numérique, les technologies pionnières ou les données au service du développement.

Encadré 2.2. La stratégie d'innovation du ministère australien des Affaires étrangères et du Commerce

La stratégie d'innovation intervient à plusieurs niveaux au sein du ministère australien des Affaires étrangères et du Commerce (DFAT) :

- à l'échelle de l'ensemble de l'administration (programme *Australia Innovates*)
- au niveau du ministère (comme formulé dans le livre blanc de 2017 « *Opportunity, Security, Strength* »)
- dans le cadre du programme d'innovation *InnovationXchange* (iXc) (Stratégie d'innovation 2018-21 du DFAT et programme d'apprentissage connexe ; voir l'Encadré 3.5)
- par domaine technologique (comme la cybersécurité ou les technologies au service du développement)
- par intervention (une action particulière en matière d'innovation consistant en une série d'interventions, par exemple)
- par expérimentation (un projet pilote visant à expérimenter de nouvelles approches, par exemple).

La Stratégie d'innovation 2018-21 en vigueur du DFAT est un modèle de bonnes pratiques parmi les membres du CAD, notamment en ce qui concerne :

- l'utilisation explicite des théories du changement et l'élaboration d'un ensemble cohérent d'hypothèses quant à la façon dont l'innovation peut favoriser le changement institutionnel
- la priorité donnée au renforcement des capacités de manière à obtenir des améliorations durables en matière d'innovation – la démarche adoptée a contribué à éclairer le présent exercice d'apprentissage entre pairs.

Source : Gouvernement de l'Australie, Ministère des Affaires étrangères et du Commerce (2018[3]), *Innovation Strategy: 2018-21*, https://d3qlm9hpqjc8os.cloudfront.net/wp-content/uploads/2018/07/03095158/DFAT-Innovation-Strategy-FINAL.pdf.

Dans toutes les organisations ayant fait l'objet d'études de cas, on trouve de nombreux exemples d'appui de la hiérarchie au développement et à l'amélioration de l'innovation en vue d'atteindre les objectifs organisationnels et d'obtenir des résultats favorables aux communautés pauvres et vulnérables. Ces prises de position ont acquis une urgence nouvelle compte tenu des accords mondiaux présentés au chapitre 1. En particulier, l'innovation est plus que jamais jugée essentielle si la communauté internationale veut atteindre les Objectifs de développement durable (ODD) et répondre aux besoins mondiaux en matière humanitaire.

L'analyse des réponses à l'enquête montre que les membres du CAD sont parvenus à des stades distincts du développement stratégique de l'innovation, les nouveaux expérimentateurs figurant à une extrémité du spectre, les développeurs dynamiques, au milieu, et les intégrateurs établis à l'autre extrémité (Tableau 2.1).

Tableau 2.1. Stades de développement stratégique en matière d'innovation dans les pays membres du CAD

Stade de développement stratégique	Nature du portefeuille d'innovation
Nouveaux expérimentateurs – membres dont les activités d'innovation sont relativement récentes et menées à petite échelle ; elles sont associées à un programme ou un projet particuliers, comme la santé ou la création d'emplois ; l'innovation n'y relève généralement pas de la responsabilité d'un agent spécialisé, mais peut s'inscrire dans une fonction spécifique.	**Créneau unique** – les membres de ce groupe mènent généralement un ensemble limité d'interventions en matière d'innovation dans des domaines bien établis, comme le développement numérique ou celui du secteur privé, selon les capacités et les ressources disponibles.
Développeurs dynamiques – membres qui ont investi dans des programmes et des capacités d'innovation, sous la forme de programmes-phares et de responsables stratégiques chargés de conseiller et de favoriser l'apprentissage et la constitution de réseaux, mais qui en sont à un stade relativement liminaire de la mise en œuvre et du déploiement institutionnels.	**Créneaux divers** – les membres de ce groupe se sont généralement déjà fixé un objectif régional ou thématique (la Corne de l'Afrique ou l'aide humanitaire, par exemple) ou privilégient une forme d'innovation (comme le numérique) ou une partie prenante (le secteur privé) particulières, et l'ensemble de leurs activités correspond à ces priorités
Intégrateurs établis – membres qui ont mis en place une équipe ou une capacité spécialisée dans l'innovation, ainsi qu'un cadre stratégique ou d'action, et disposent d'un portefeuille d'investissements dans différents domaines. Ils prêtent une attention croissante aux données factuelles et aux enseignements servant l'innovation, et augmentent leurs investissements dans les compétences et les capacités des services en question.	**Globale** – les membres de ce groupe appliquent une approche très générale à l'innovation, qu'ils jugent indispensable à l'ensemble du portefeuille.

Note : Ce tableau ne vise pas à classer les membres, mais à encourager leur réflexion et leur apprentissage. Il sert aussi de fondement aux recommandations personnalisées présentées au Chapitre 5.

Principales questions à examiner

L'innovation est souvent formellement présentée comme un moyen d'intégrer les travaux des différents silos institutionnels. En réalité, ces derniers déterminent et limitent souvent les actions stratégiques en matière d'innovation. Les innovations dans le domaine de la santé mondiale, par exemple, comptent parmi les plus avancées dans la sphère du développement et de l'aide humanitaire, grâce aux investissements substantiels réalisés ces vingt dernières années par les donneurs bilatéraux et multilatéraux et par les fondations philanthropiques. Or, les enseignements dégagés de ces innovations n'ont généralement pas essaimé en dehors de ce sous-secteur, malgré l'intérêt considérable qu'ils présentent pour d'autres domaines.

Des cloisonnements sont aussi observables au sein des activités d'innovation et entre elles. Pour de nombreux agents qui ne travaillent pas directement dans le secteur, l'innovation s'inscrit dans un ensemble de termes souvent ambigus et interchangeables qui comprend le numérique, la technologie, la science, la recherche et les données. Il existe en outre de nombreux cloisonnements entre l'innovation et d'autres fonctions de l'organisation, notamment les domaines étroitement liés et qui se recoupent de la stratégie, de l'action publique, de la prospective et de l'apprentissage. Il serait profitable de mieux coordonner ces activités, notamment les programmes qui mobilisent l'ensemble d'un organisme, comme ceux visant à élaborer de nouvelles stratégies ou à renforcer le leadership face à l'incertitude et à la complexité.

Les nombreuses applications de l'innovation sont signe de réussite et témoignent de la diversité des éclairages que les innovations peuvent apporter à la définition des politiques et programmes humanitaires et de développement. Cela dit, l'innovation risque de devenir une simple formule, dont l'évocation récurrente au fil des déclarations stratégiques et des discours vise à séduire. Au niveau conceptuel, cet usage généralisé risque de diluer l'objectif stratégique : si tout est qualifié d'innovation, rien ne l'est en réalité.

Dans les pays étudiés, la recherche d'innovation a suivi de multiples orientations, idées et méthodes. Elle s'est traduite par des mutations fondamentales comme des changements progressifs ; elle a porté sur des technologies comme sur les comportements; enfin, elle a consisté en expérimentations liminaires comme en transformations systémiques de plus grande envergure. Elle a porté sur des problèmes spécifiques dans un domaine précis des activités humanitaires ou de développement (la santé, par exemple), et contribué plus généralement à modifier le fonctionnement de l'ensemble du secteur face à un problème donné (États fragiles, ou égalité femmes-hommes et autonomisation).

C'est là le résultat inévitable de la décentralisation opérationnelle et thématique dans les pays étudiés, phénomène observé dans d'autres domaines de travail des membres du CAD. Cette multiplicité peut désorienter le personnel qui s'interrogera sur ce en quoi l'innovation consiste exactement, son fonctionnement, ou les raisons pour lesquelles elle fonctionne. Cette réaction, bien qu'elle ne soit ni rare, ni forcément problématique, pose une difficulté dans les organismes qui n'en ont pas clairement formulé une définition commune. Cela a souvent été le cas avec l'innovation : toutes les études de cas font apparaître une multitude d'optiques diverses, mais l'orientation générale semble consister à laisser des milliers d'innovations s'épanouir plutôt que d'essayer de synthétiser ou d'intégrer les différentes approches.

L'élément commun aux différentes stratégies d'innovation examinées dans le cadre de l'exercice d'apprentissage entre pairs (PLE) sur l'innovation au service du développement est que bon nombre d'entre elles se fondent sur l'hypothèse implicite de « transmission de l'innovation » par les pays membres du CAD, par opposition à une « facilitation de l'innovation », menée en collaboration avec les partenaires dans les pays en développement et à leur profit.

Si les cadres dirigeants déploient un solide argumentaire à l'appui de l'innovation en tant que résultat, leur soutien au processus qui l'accompagne est généralement moins manifeste, surtout en ce qui concerne les questions liées à la prise de risques et à la gestion des échecs : ainsi, malgré les déclarations et discours favorables à l'innovation des instances dirigeantes, leur appui ne s'est pas toujours traduit par une adhésion globale aux nouveaux modes de travail et aux nouveaux comportements.

C'est ce qui ressort tout particulièrement des cas où les hauts responsables attendent des résultats concrets et rapides des investissements dans l'innovation, et sous-évaluent le temps nécessaire pour que des idées prometteuses aient des effets positifs sur le développement. Parfois, leur engagement envers l'innovation est fluctuant et difficilement prévisible, et influencé par leurs points de vue personnels. Ces comportements peuvent donner l'impression que les activités d'innovation sont à la fois des « projets fétiches » et quelque peu éphémères.

En quoi la culture, les capacités et les mentalités stimulent-elles l'innovation ?

La culture, les capacités et l'état d'esprit des organisations créent un contexte propice aux activités d'innovation. Une organisation qui favorise l'innovation est une organisation dont les employés sont habilités à innover, qui investit dans les compétences et les capacités pertinentes, individuellement et collectivement, et qui se montre fondamentalement favorable et tolérante vis-à-vis de la recherche et de l'expérimentation.

Situation actuelle

En quoi la culture organisationnelle favorise-t-elle ou bride-t-elle l'innovation ?

Dans les pays étudiés, deux des réflexions les plus couramment entendues par les équipes ayant participé à l'exercice d'apprentissage entre pairs sont les suivantes :

- « Nous avons toujours été innovants – l'innovation a toujours été l'une de nos raisons d'être ».

- « En fait, qu'est-ce que l'innovation ? Nul ne le sait ou n'est en mesure de l'expliquer ».

Cette apparente contradiction tient en partie à la situation de l'innovation dans le secteur plus généralement. Alors que la gestion de l'innovation existe depuis plus d'un siècle dans le monde de l'entreprise, elle est relativement nouvelle dans la sphère du développement et de l'aide humanitaire. Les « convertis à l'innovation » sont fermement convaincus de son potentiel à faire évoluer les pratiques et les résultats dans ces domaines. Il apparaît en tous cas que les innovations fructueuses peuvent transformer le secteur et les communautés pauvres et vulnérables partout dans le monde. Les pays étudiés signalent plusieurs « grandes victoires » historiques dues à l'innovation, qu'il s'agisse de campagnes comportementales ou de vaccins et d'innovations financières. De nombreux programmes, projets, et progrès techniques sont en cours dans les pays membres du CAD. Le personnel concerné fait preuve d'une passion, d'une motivation et d'un enthousiasme remarquables pour ces activités. Même quand ils ne participent pas directement au processus, de nombreux agents des organismes donneurs tirent une grande fierté de l'innovation quand elle porte ses fruits.

Cela dit, les membres du CAD ne font pas toujours systématiquement valoir l'importance et l'utilité de l'innovation au personnel et aux partenaires. Il est difficile de déterminer si l'innovation est ancrée dans les réalités organisationnelles ou si elle est déconnectée des tendances et des modes politiques.

Cela montre également qu'il n'existe pas de culture organisationnelle unique en matière d'innovation dans les pays membres du CAD. Au contraire, une multiplicité de cultures peut être observée – dont certaines encouragent l'innovation, et d'autres s'y opposent. Si l'on peut voir dans l'innovation une microculture naissante, la culture qui prévaut dans les organisations des pays membres du CAD ne favorise généralement pas la créativité et l'innovation, malgré quelques exceptions partielles (voir l'Encadré 2.3).

Encadré 2.3. Comment la souplesse culturelle de l'Agence suédoise de coopération internationale au développement favorise l'innovation

La culture de l'Agence suédoise de coopération internationale au développement (SIDA) est reconnue pour être fondée sur le consensus et le compromis, ce qui se traduit parfois par une perte d'idées étant donné la longueur des processus de consultation. Néanmoins, de manière générale, les individus et les groupes sont libres de créer leurs propres instruments au service du changement. Cela s'applique aussi bien à l'intérieur de l'Agence que dans le domaine du développement et de l'aide humanitaire en général.

Sur le plan de l'innovation, cela signifie que SIDA est généralement disposée à laisser ses employés développer leurs propres idées et méthodes et à les expérimenter dans des cadres divers. Elle est ouverte à la prise de risques, dès lors que l'approche retenue est responsable et éthique.

Cette souplesse et cette autonomie peuvent en revanche compliquer l'adoption généralisée de solutions novatrices dans la mesure où il n'existe pas de dispositif dominant pour inciter l'ensemble de l'organisation à les appliquer.

Le programme d'innovation en vigueur du ministère des Affaires étrangères et de SIDA s'efforce explicitement de remédier à cette situation en faisant une place plus large à l'apprentissage commun et à la mise en place d'une base de données des évolutions positives résultant des travaux d'innovation, et en défendant l'innovation en tant qu'activité et en tant que résultat, à l'intérieur comme à l'extérieur de l'Agence.

Source : Eriksson, C., B. Forsberg et W. Holmgren (2004[4]), *Organisation Cultures at Sida*, www.sida.se/contentassets/abd946b4bbfc4725aea2aa04002a1807/organisation-cultures-at-sida_2527.pdf.

L'appétence de l'organisation pour le risque est un élément déterminant de l'efficacité des processus de gestion de l'innovation. Il ressort clairement des études de cas qu'elle varie considérablement selon les échelons et les services de l'organisation, et à l'intérieur de ces derniers. Il n'existe pas plus de « cadre unique de gestion des risques » que de culture unique de l'innovation. Les catégories et les niveaux de risque jugés acceptables dépendent plutôt des interprétations et de la capacité ou de la tolérance, individuelles et collectives. Des équipes et des services distincts ont des cultures et des points de vue différents en matière de gestion des risques, ce qui tient en partie aux « îlots » créés par des cadres dirigeants disposés à expérimenter des approches nouvelles et créatives.

Ainsi, ce qui est jugé possible dans un pays ou un secteur, par exemple, peut être le fruit de l'impulsion donnée par les autorités à l'échelon national dans le premier cas, ou de celle donnée par un groupe de spécialistes du secteur dans le second. Ce phénomène est observable dans toutes les études de cas, où certains individus sont jugés avoir favorisé l'instauration d'un climat propice à l'innovation, la situation s'inversant après leur départ.

Les études de cas mettent en évidence un certain nombre de bonnes pratiques pour gérer les liens entre innovation et risques :

- indiquer clairement qu'il est plus important de maîtriser les risques que de les limiter
- moduler constamment l'appétence pour le risque
- intégrer la gestion des risques à l'ensemble du cycle d'innovation, au niveau des projets comme des programmes
- acquérir de nouvelles compétences en matière de gestion des risques
- contrôler l'efficacité de la gestion des risques.

En quoi les capacités et les états d'esprit individuels et collectifs stimulent-ils l'innovation ?

Dans le cadre de l'enquête et des études de cas, les membres du CAD ont évoqué diverses capacités et compétences nécessaires en matière de :

- Connaissances et expérience en matière de développement et d'aide humanitaire : les innovateurs doivent avoir – ou être en mesure d'acquérir – une connaissance approfondie des enjeux et des problèmes auxquels les communautés pauvres et vulnérables sont confrontées, et bien mesurer les limites et les possibilités que présentent les approches existantes pour s'y attaquer.
- Élaboration et gestion des programmes d'innovation : pour assurer la mise au point et le contrôle efficaces de nouveaux dispositifs de financement et d'autres mécanismes de soutien à l'innovation.
- Appui technique à l'innovation : pour conseiller et soutenir les mandataires, les concepteurs de programmes d'innovation, les responsables et les innovateurs.
- Compétences en matière d'innovation : pour recenser les problèmes, produire des idées et des propositions, exécuter et évaluer des projets innovants, mener des campagnes de communication et de sensibilisation pour diffuser les approches et les mettre à l'échelle, et établir une coopération et une organisation au service de l'innovation (conformément au cadre de capacités pour l'innovation utilisé pour l'exercice d'apprentissage entre pairs).

Les pays membres du CAD ont engagé des travaux, au niveau national et international, dans chacun de ces domaines afin de renforcer les compétences de leurs services et celles de leurs partenaires par différents moyens : formation formelle, accompagnement, mentorat et création de réseaux (Encadré 2.4).

Encadré 2.4. Le programme « intrapreneurs » de l'Agence française de développement

L'élargissement du mandat de l'Agence française de développement (AFD) décidé en 2016 par le ministère français de l'Europe et des Affaires étrangères a donné lieu à une augmentation des ressources financières de l'organisme et à une extension de ses domaines d'intervention sectoriels et géographiques. Pour appuyer la réalisation de cet objectif, l'AFD a créé sa première équipe et son premier laboratoire spécialisés dans l'innovation, qui avaient pour mission de stimuler la capacité de l'agence à innover et d'assouplir son fonctionnement.

Un projet phare de la nouvelle équipe a consisté en un programme de développement de la capacité interne d'innovation fondé sur la notion d'« intrapreneurs ». Il s'agissait de rechercher au sein de l'organisation des agents capables de produire des idées créatives susceptibles d'être appliquées à l'extérieur ou en interne, et de fournir les moyens et le temps nécessaires à l'expérimentation de ces idées. En parallèle, le projet assurait la formation et l'accompagnement de certains intrapreneurs pour leur enseigner les méthodes appropriées, notamment en matière d'entrepreneuriat et de conception centrée sur l'usager, et des modes de travail, de collaboration et d'organisation dynamiques.

Outre qu'il a amélioré les chances de réussite des activités d'innovation, le programme a mis en place des réseaux de spécialistes internes et externes déterminés à faire avancer les projets, créé des réseaux d'intrapreneurs et immergé ces derniers dans l'écosystème de l'innovation. Le programme a reçu un avis unanimement favorable des intrapreneurs, et a été prorogé et élargi à une nouvelle cohorte.

Source : AFD (2019[5]), *PLAY : un atelier qui accélère vos projets innovants d'intrapreneurs*, https://www.afd.fr/fr/actualites/play-un-atelier-qui-accelere-vos-projets-innovants-dintrapreneurs.

Principales questions à examiner

La majorité des personnels des membres du CAD n'est pas encore convaincue de l'intérêt de l'innovation. Dans certaines organisations, une partie des hauts responsables et des agents en contact avec le public y est favorable, mais les échelons intermédiaires y sont insensibles. Dans d'autres, c'est le personnel des échelons intermédiaires qui est source de dynamisme et de créativité, alors que la direction et le personnel de première ligne sont plus partagés. Si la source de dynamisme au sein de la hiérarchie varie selon les organisations, il n'existe aucun environnement franchement propice à l'innovation, où celle-ci serait une composante pleinement acceptée des activités courantes.

En parallèle, les incitations fournies au plus haut niveau ne sont pas claires. Les appels à des solutions créatives et novatrices ne s'accompagnent pas toujours d'un appui aux nouveaux processus et modes de travail, et les processus existants ne permettent pas d'assurer une gestion robuste, systématique et viable de l'innovation. En conséquence, bon nombre d'agents voient sans doute encore dans l'innovation une activité « pour les autres, mais pas pour moi ».

Le débat sur l'innovation a été directement associé au débat sur les risques, mais principalement aux risques pour les bailleurs. Si l'on considère le cadre de gestion des risques de l'OCDE sous l'angle des donneurs (Graphique 2.1), il apparaît clairement que les risques liés à l'innovation peuvent s'inscrire dans le segment central (risques programmatiques), mais la possibilité qu'ils créent des risques institutionnels soulève aussi des inquiétudes. Ces différentes catégories de risques ne sont pas assez clairement définies en ce qui concerne l'innovation. Il est particulièrement important, lorsque l'on évalue la qualité et l'efficacité d'une nouvelle approche, d'analyser les risques du point de vue des membres du CAD, mais aussi d'examiner ceux que les approches innovantes présentent pour les utilisateurs finals et les institutions dans les pays où les programmes sont exécutés.

Graphique 2.1. Catégories de risques auxquels les membres du Comité d'aide au développement sont confrontés

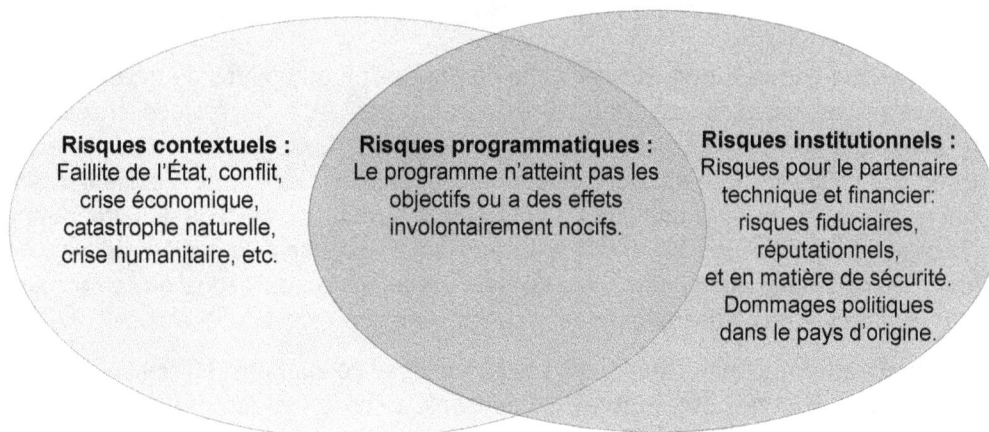

Risques contextuels :
Faillite de l'État, conflit, crise économique, catastrophe naturelle, crise humanitaire, etc.

Risques programmatiques :
Le programme n'atteint pas les objectifs ou a des effets involontairement nocifs.

Risques institutionnels :
Risques pour le partenaire technique et financier: risques fiduciaires, réputationnels, et en matière de sécurité. Dommages politiques dans le pays d'origine.

Source : Williams, G., A. Burke et C. Wille (2014[6]), *Development Assistance and Approaches to Risk in Fragile and Conflict Affected States*, www.oecd.org/dac/conflict-fragility-resilience/docs/2014-10-30%20Approaches%20to%20Risk%20FINAL.pdf.

Dans certains pays membres, les risques expérimentaux associés à la recherche sont tolérés et acceptés parce qu'ils ne sont pas liés à des programmes particuliers. Dans d'autres, on voit dans l'intégration de la recherche aux programmes un moyen d'atténuer les risques. Pour certaines organisations, les risques liés aux approches programmatiques innovantes sont indissociables des risques institutionnels en matière de réputation et de contrôle.

Des inquiétudes s'expriment notamment quant au risque que peuvent présenter les concepts et les idées innovants compte tenu de l'état d'esprit actuel des médias vis-à-vis de l'aide et du contexte politique national chez de nombreux membres du CAD. Craignant de faire l'objet de critiques injustes, de nombreux membres du CAD sont devenus plus sensibles aux perceptions extérieures. Cela n'amène pas toujours les donneurs à limiter la place de l'innovation en tant que produit, mais justifie leur souci de ne pas être vus comme « menant des expériences avec l'argent du contribuable », ce qui augmente leur aversion au risque et les incite à privilégier les solutions habituelles plutôt que les mesures novatrices. Paradoxalement, alors que l'appétence pour l'innovation semble croître, la disposition à l'appuyer ouvertement en tant que processus paraît diminuer. Certains membres du CAD se sont attaqués directement au problème – un exemple intéressant étant la façon dont le ministère britannique du Développement international (DFID) a défini deux nouvelles catégories de risques associés aux éventuels inconvénients que présente l'absence d'innovation (Encadré 2.5).

Encadré 2.5 Nouvelles catégories de risques actuellement testées par l'équipe *Emerging Policy, Innovation and Capability* du DFID

Risque de stagnation : Il se rapporte à l'utilité des politiques et programmes de développement dans des environnements en mutation rapide. Face à la complexité et à l'incertitude croissantes de la conjoncture extérieure et à son évolution toujours plus rapide, les organismes de développement risquent de voir leur efficience, leur efficacité et leur pertinence diminuer s'ils ne modifient, n'actualisent et n'améliorent constamment leurs pratiques. Pour garantir l'exécution efficace des programmes et la capacité des organismes à assurer leur mission, il nous faut être conscients des évolutions extérieures susceptibles d'avoir des retombées négatives sur leurs résultats ou du risque qu'ils ne soient jugés dépassés par les principales parties prenantes, y compris les populations concernées.

Risque lié au gradualisme : Cette catégorie a trait aux risques concernant l'efficience et la pertinence de l'ensemble d'un portefeuille. Elle suppose un consensus sur le fait que des progrès graduels ne suffisent pas pour réaliser les ODD et atténuer la crise mondiale du climat et de la biodiversité. À l'heure où des changements systémiques fondamentaux et des innovations révolutionnaires s'imposent, cette catégorie de risques vise à susciter une réflexion critique sur divers éléments : la composition de portefeuilles, l'arbitrage explicite et avisé des risques, l'attribution de récompenses, et les progrès radicaux aléatoires au niveau des systèmes et des solutions isolées. Pour assurer un équilibre explicite et rigoureux entre les risques, les ambitions, les délais visés et les rendements prévus à l'échelle du portefeuille (plutôt que d'évaluer ces éléments au niveau d'un investissement ou d'un programme donné), il est important d'examiner la composition du portefeuille et les degrés d'ambition et de risque.

Dans le secteur privé, il est entendu que les innovateurs performants sont ceux qui s'emploient activement et systématiquement à supprimer les freins et les obstacles à l'innovation ; dans ce domaine, la capacité d'initiative est aussi importante que la gestion. Les membres du CAD admettent quant à eux que les bons dirigeants créent un climat propice à l'innovation, mais souhaitent intégrer cet élément, d'une manière ou d'une autre, à l'architecture institutionnelle. C'est peut-être là une vision erronée des facteurs qui font que l'innovation est efficace : ce sont précisément les aspects humains de l'innovation qui doivent être renforcés et placés au centre du programme d'innovation. Comme le relèvent toutes les études de cas, il n'y a pas d'innovation sans humains.

Il est généralement admis que tous les programmes ou effectifs techniques ne seront pas innovants, mais peu de mesures sont prises pour remédier à cette situation dans les différentes sphères professionnelles. Ces compétences sont généralement transmises dans le cadre de méthodes d'apprentissage tacite, notamment le mentorat et l'apprentissage par la pratique.

La mise en service d'innovations et la conception et la gestion de programmes sont des domaines auxquels des consultants extérieurs et des universitaires apportent souvent leur concours, de même que les spécialistes internes de l'innovation. Des mécanismes voient le jour qui réunissent les gestionnaires de fonds spécifiques pour qu'ils mettent en commun leurs expériences et les enseignements dégagés ; le *Sida Challenge Fund Learning Group* en est un bon exemple. En particulier, les arbitrages entre l'apprentissage et l'obligation de rendre compte auxquels sont confrontés tous les responsables de programmes chargés de superviser un portefeuille d'investissements prennent toute leur acuité dans le cadre des activités d'innovation, où il faut prendre davantage de risques et les administrer correctement.

Les équipes spécialisées dans l'innovation dans les pays examinés concilient généralement la mise en service des innovations et la gestion des programmes d'une part, et les activités de conseil technique d'autre part. D'ordinaire, les organisations n'investissent pas dans ces compétences. En particulier, les investissements dans les capacités organisationnelles en matière de conseil et d'assistance techniques n'ont pas pris en compte la demande potentielle des différents organismes, de sorte que les équipes spécialisées font face à une charge de travail excessive.

Globalement, le perfectionnement des compétences a en grande partie porté sur des champs spécifiques de l'innovation, permettant au personnel de mieux comprendre comment les processus d'innovation fonctionnent et la façon de les mettre en œuvre. Des investissements ont également été effectués dans des domaines de compétences apparentés, comme la conception agile orientée sur l'utilisateur, etc. (comme indiqué à l'Encadré 2.4). De manière générale, toutefois, ces dispositifs de développement des compétences et des capacités en matière d'innovation ont été occasionnels et limités par le manque de ressources. Les organisations examinées ont davantage investi dans la mise en place de programmes et d'activités, et moins dans les capacités nécessaires pour être innovantes.

Pour ces raisons, la structure et le financement actuels de ces activités risquent de créer un système à deux vitesses, composé d'une part de spécialistes de l'innovation aux connaissances pointues, d'autre part de généralistes au savoir limité. La capacité d'innovation doit s'inscrire dans une vision plus large, qui ne se limite pas à la formation. Il existe de nombreux moyens et possibilités d'améliorer l'apprentissage formel et informel, et d'établir des mécanismes institutionnalisés pour renforcer les compétences du personnel. On citera notamment :

- le mentorat d'innovateurs et de leaders et catalyseurs d'innovation
- l'apprentissage par la pratique dans le cadre de projets et de programmes d'innovation
- les échanges de personnel entre secteurs et avec des organisations extérieures
- l'apprentissage entre projets faisant l'objet d'investissements majeurs dans l'innovation.

Références

AFD (2019), *PLAY : un atelier qui accélère vos projets innovants d'intrapreneurs*, Agence française de développement, Paris, https://www.afd.fr/fr/actualites/play-un-atelier-qui-accelere-vos-projets-innovants-dintrapreneurs (consulté le 1 janvier 2020). [5]

Eriksson, C., B. Forsberg et W. Holmgren (2004), *Organisation Cultures at Sida*, Agence suédoise de coopération internationale au développement, Stockholm, http://www.sida.se/contentassets/abd946b4bbfc4725aea2aa04002a1807/organisation-cultures-at-sida_2527.pdf (consulté le 1 janvier 2020). [4]

Gouvernement de l'Australie, Ministère des Affaires étrangères et du Commerce (2018), *Innovation Strategy 2018-21*, Ministère des Affaires étrangères et du Commerce, Barton, ACT, https://d3qlm9hpgjc8os.cloudfront.net/wp-content/uploads/2018/07/03095158/DFAT-Innovation-Strategy-FINAL.pdf (consulté le 1 janvier 2020). [3]

SIDA (2019), *Successful Support for Cholera Vaccines Saves Thousands*, Agence suédoise de coopération internationale au développement, Stockholm, http://www.sida.se/English/press/current-topics-archive/2019/successful-support-for-cholera-vaccines-saves-thousands (consulté le 1 January 2020). [1]

Unitaid (2018), *Unitaid : l'innovation au service de la santé mondiale*, Rapport annuel 2016-2017, Unitaid, Vernier, Suisse, https://unitaid.org/assets/Unitaid_Rapport-Annuel-2016-2017.pdf (consulté le 1 janvier 2020). [2]

Williams, G., A. Burke et C. Wille (2014), *Development Assistance and Approaches to Risk in Fragile and Conflict Affected States*, OCDE, Paris, http://www.oecd.org/dac/conflict-fragility-resilience/docs/2014-10-30%20Approaches%20to%20Risk%20FINAL.pdf (consulté le 1 janvier 2020). [6]

Notes

[1] Ces rôles et fonctions figurent à fréquence plus ou moins égale dans les stratégies et déclarations relatives à l'innovation des membres.

3 Organisation et collaboration à l'appui de l'innovation en faveur du développement

Si l'innovation s'impose aujourd'hui comme un impératif, des pressions extérieures risquent de réduire à néant le champ laissé à l'innovation et à l'expérimentation. Le présent chapitre traite de la façon dont les efforts d'innovation sont organisés sur le plan des ressources, des contextes organisationnels, des dynamiques ainsi que de la collaboration. Il met en évidence la manière dont l'innovation pourrait être mieux intégrée et favorisée dans les processus de programmation, les mécanismes financiers et opérationnels, de même que les approches du développement et de la formation du personnel. Il montre en quoi les portefeuilles d'innovation peuvent permettre d'améliorer l'apprentissage et la supervision, et d'étayer la gouvernance de l'innovation et la prise de décision stratégique. On y trouvera aussi une analyse concernant la tendance à négliger les acteurs nationaux et locaux, et les conséquences de cette tendance sur le type d'innovations financées : les innovations visent davantage des changements graduels, qui maintiennent le statu quo, que des transformations en rupture avec le passé.

Messages clés

- Alors que l'innovation s'impose aujourd'hui comme un impératif pour la transformation des efforts déployés au service du développement et de l'action humanitaire, des pressions extérieures contraires risquent de réduire à néant le champ laissé à l'innovation et à l'expérimentation. Davantage peut être fait pour assurer la concordance et le renforcement mutuel des efforts d'innovation et des efforts plus vastes actuellement déployés pour générer des changements.

- La façon dont l'innovation est intégrée et favorisée dans les institutions des membres du Comité d'aide au développement (CAD), à travers des ajustements et des réformes des processus relatifs aux projets et à la programmation, des stratégies-pays et des stratégies thématiques, des approches du développement et de la formation du personnel, ou encore des mécanismes financiers et opérationnels, pourrait être renforcée.

- Il faut poursuivre les travaux pour renforcer une compréhension commune et la gestion au niveau des portefeuilles d'innovation, tirer de meilleurs enseignements des investissements effectués dans l'innovation par les membres du CAD, améliorer la supervision de ces investissements, et étayer la gouvernance de l'innovation et la prise de décision stratégique.

- Pour que l'innovation puisse être mise efficacement au service du développement, il faut parvenir à réunir le secteur public, les organisations à but non lucratif, les utilisateurs finaux et les entreprises. Nombreux sont les membres du CAD qui considèrent ces nouveaux modèles économiques comme essentiels à la mise en place de partenariats équilibrés en matière d'innovation.

- Un plus grand effort de sensibilisation au sein des membres du CAD est nécessaire pour garantir que l'innovation ne s'inscrive pas dans un processus descendant piloté par les services centraux, mais aussi pour mettre à contribution les bureaux de pays à un niveau stratégique, ainsi que les homologues nationaux/locaux.

- La tendance générale à négliger les acteurs nationaux et locaux, ou à ne pas les prendre en considération avant qu'il ne soit trop tard, est un angle mort très préoccupant des efforts d'innovation actuellement déployés. En dépit des idées largement répandues sur la nécessité d'associer les utilisateurs finauxs en tenant compte de la spécificité du contexte qui est le leur et dans un souci de participation et d'ouverture, dans la pratique, les membres du CAD ont prêté bien plus d'attention aux travaux d'innovation menés par les acteurs traditionnels du développement et de l'action humanitaire. Cela s'est traduit par des innovations qui visaient davantage des changements graduels maintenant le statu quo que des transformations en rupture avec le passé.

Comment l'innovation est-elle organisée ?

L'organisation de l'innovation se rapporte à l'organisation directe des efforts d'innovation sous l'angle de la mobilisation des ressources et de leur affectation aux activités d'innovation, et au contexte organisationnel d'ensemble dans lequel s'inscrivent ces efforts : les processus et systèmes institutionnels et la façon dont ceux-ci concordent avec les efforts d'innovation.

Situation actuelle

Comment les organisations créent-elles un cadre propice à l'innovation ?

Un ensemble complexe de facteurs favorables, d'obstacles et de contraintes d'ordre institutionnel influent sur les efforts d'innovation mis en œuvre par les membres du CAD-OCDE. Cet ensemble comprend, entre autres, les notions présentées dans le Tableau 3.1.

Tableau 3.1. Facteurs favorables et obstacles à l'innovation

Facteurs favorables	Obstacles
Écart entre les cibles des Objectifs de développement durable/les besoins humanitaires et les résultats actuellement obtenus dans le secteur.	Marché brisé ou imparfait en ce qui concerne l'aide au développement et l'assistance humanitaire.
Demandes visant la création de nouveaux modèles d'activité dans le développement et l'action humanitaire, y compris le centrage sur les utilisateurs finaux, et l'appropriation locale.	Préférence institutionnelle pour l'offre d'approches établies plutôt que pour la demande d'approches nouvelles et inventives.
Participation croissante d'entreprises du secteur privé, d'entrepreneurs, de scientifiques, de militaires et d'autres acteurs.	Attitude négative vis-à-vis de l'expérimentation dans les sphères du développement et de l'action humanitaire, et crainte de perceptions négatives.
Essor des nouvelles technologies et techniques.	Bureaucratie et aversion pour le risque.
Caractère de plus en plus incertain et complexe des contextes et cadres d'opération et d'action.	Préoccupations relatives à l'éthique et à la réputation.

La modification de procédures existantes et, dans certains cas, la création de nouveaux dispositifs organisationnels, ont été déterminants pour s'adapter à ces facteurs favorables et à ces obstacles, et pour établir des processus et activités d'innovation en internes et en partenariat avec d'autres membres. Il est notamment ressorti des missions que tous les pays étudiés avaient réformé et ajusté leurs processus institutionnels de sorte qu'ils soient :

- moins bureaucratiques et plus simples au regard du nombre de prescriptions procédurales applicables aux idées, propositions et processus d'exécution de projets

- plus souples et évolutifs, en phase avec la nature complexe et changeante des défis posés par le développement et l'action humanitaire, et avec les évolutions imprévues des situations et des contextes

- davantage axés sur des données probantes, l'apprentissage et les résultats, et plus particulièrement destinés à garantir que les projets et programmes reposent sur des éléments connus et visent à faire fond sur ces connaissances au moyen d'un apprentissage actif

- plus ouverts à la collaboration avec des acteurs habituels aussi bien qu'inhabituels possédant les compétences et l'expérience appropriées pour réaliser des objectifs relatifs au développement et à l'action humanitaire.

Bien que ces réformes n'aient pas toujours été engagées dans l'optique des efforts d'innovation, on trouve des exemples d'« alignement des astres » dans les quatre pays étudiés (voir l'Encadré 3.1).

Encadré 3.1. Comment les *Smart Rules* du ministère du Développement international du Royaume-Uni fournissent un appui institutionnel à l'innovation

Les *Smart Rules* (règles intelligentes) établies en 2014 fixent le cadre opérationnel des programmes du ministère du Développement international (DFID) du Royaume-Uni. Afin d'éradiquer la pauvreté dans un monde complexe et fragile, le DFID a entrepris de transformer la façon dont il gère ses programmes. Cela repose sur une conception selon laquelle l'obtention de résultats et le traitement des causes profondes de la pauvreté et des conflits requièrent que les programmes puissent être modulés en fonction du contexte local, et influer sur celui-ci.

Dans cette perspective, les *Smart Rules* visent l'institution d'un cadre clair concernant la diligence dont il doit être fait preuve tout au long du cycle des programmes (conception, mise en œuvre, apprentissage et achèvement). Les *Smart Rules* reposent sur un certain nombre d'éléments spécifiques :

- le passage d'une approche fondée sur des règles à une approche davantage fondée sur des principes, qui se traduirait par un accroissement de l'appropriation et de la participation à l'échelle du DFID
- l'orientation de l'action du DFID, dans une mesure proportionnelle, vers ce qui importe le plus (moyennant la suppression des tâches génériques obligatoires de vérification de la conformité)
- la simplification et la clarification des règles impératives, conçues pour protéger l'argent des contribuables
- la démonstration de la marge d'appréciation laissée au DFID pour se fier au jugement du personnel de première ligne en ce qui concerne l'innovation, la prise de risques et l'adaptation aux réalités du terrain.

Ces changements ont directement contribué aux efforts d'innovation, en ouvrant des voies spécifiques permettant de financer, d'exécuter, de mettre à l'échelle et d'évaluer les programmes et projets d'innovation. Les données disponibles portent à croire que ces réformes sont indirectement étayées par l'instauration d'un cadre plus propice aux innovateurs et aux processus d'innovation.

Certaines fonctions d'appui et fonctions opérationnelles – se rapportant par exemple à la vérification de la conformité, aux aspects juridiques et à la passation de marchés – sont largement perçues comme entravant ou limitant les efforts d'innovation. D'une manière générale, lorsque le fonctionnement des systèmes et processus des membres du CAD est efficace et favorise l'innovation, il apparaît que cela a autant à voir avec des exceptions fondées sur les relations informelles et la confiance existant entre les innovateurs potentiels et le personnel chargé des opérations et de l'appui, qu'avec un quelconque caractère systématique de la structure ou des processus.

Comment l'innovation fonctionne-t-elle en tant que processus de changement ?

Les pays interrogés dans le cadre de l'enquête ont constaté que leurs aptitudes à innover avaient récemment connu des améliorations d'ordre organisationnel. On trouvera dans les études de cas une illustration plus détaillée de la manière dont cette amélioration s'est opérée dans la pratique. Ces cinq à dix dernières années, chacun des pays étudiés a accompli des progrès dans ses efforts d'innovation. En lisant les études de cas consacrées aux quatre pays et les constats de l'enquête, on peut discerner le stades de progression suivants :

- Stade 1 : de nouveaux projets et programmes d'appui à l'innovation sont conçus, financés et exécutés, dans des zones bien circonscrites et de façon plus ou moins ponctuelle (correspond aux nouveaux expérimentateurs mentionnés dans le Tableau 2.1).

- Stade 2 : une aptitude formelle à innover est établie, assortie d'un mandat ou d'une attribution consistant à coordonner des travaux, à en tirer des enseignements et à déléguer des tâches (correspond aux développeurs dynamiques mentionnés dans le Tableau 2.1).
- Stade 3 : de nouvelles stratégies et de nouveaux cadres de développement des capacités sont élaborés en vue d'inscrire l'innovation dans les fonctions courantes et d'intensifier les travaux visant à renforcer l'écosystème de l'innovation (correspond aux intégrateurs établis mentionnés dans le Tableau 2.1).
- Stade 4 : l'axe d'action passe d'une approche centralisée à une approche décentralisée, ce qui favorise un recours plus général à l'innovation dans l'ensemble de l'organisation, assorti d'approches communes concernant la stratégie, les processus et l'apprentissage (correspond aux objectifs d'une grande partie des pays étudiés).

Bien que, dans le cadre de chacune des missions, de nombreux membres du personnel aient donné des précisions sur ces stades lors de conversations avec les équipes d'apprentissage entre pairs, les stades en question n'ont guère ou pas fait l'objet de précisions explicites dans des documents ou stratégies officiels.

Comment les efforts d'innovation sont-ils structurés et déployés ?

À l'échelle du CAD, l'innovation est facilité de différentes façons. La première et la plus répandue est l'utilisation de mécanismes de financement dédié concernant, par exemple, les programmes, et l'utilisation de budgets affectés à l'innovation et de lignes de dépenses connexes, à des fins telles que la recherche et l'apprentissage. Ces moyens sont diversement employés pour accorder des dons, des prêts et d'autres formes de financements à des investisseurs potentiels. Ils peuvent être octroyés sous la forme de financement direct de l'innovation, de capital de démarrage pour la formulation de nouvelles idées, de financement de programme visant à en permettre l'exécution et la mise à l'essai, ou de mécanismes d'investissement destinés à rendre possible un agrandissement d'échelle.

Le financement peut également être indirect et consister à fournir des ressources à des organisations, secteurs ou types de personnes spécifiques pour développer leurs facultés de créer, mettre à l'essai et diffuser de nouvelles approches à l'égard des défis posés par le développement et l'action humanitaire.

Deuxièmement, de même qu'ils financement le renforcement des capacités institutionnelles, les membres du CAD ont investi dans un certain nombre de mécanismes de développement des compétences et des capacités. Ces mécanismes comprennent :

- un apprentissage qui s'effectue parallèlement aux mécanismes de financement de l'innovation (par exemple constitution de réseaux, mentorat ou formation spécialement consacrés aux bénéficiaires de fonds)
- des dispositifs d'apprentissage établis au moyen d'investissements dans des formations destinées au personnel et aux partenaires (par exemple programmes d'apprentissage dans lesquels les membres du CAD investissent de façon à financer une partie des coûts supportés par les participants)
- des programmes d'apprentissage destinés au personnel, qui ont une visée interne et traitent d'aspects particuliers de l'innovation (par exemple formation aux compétences numériques, formation à la conception agile ou centrée sur l'utilisateur) ou sont intégrés dans des programmes de formation plus vastes (par exemple formation à la direction et à la gestion comportant un module sur l'innovation).

La troisième modalité d'appui courante consiste, pour un membre du CAD, à mettre en place en interne des équipes, des centres ou d'autres moyens permettant d'assurer des fonctions de consultation et d'appui techniques. Encore une fois, il peut s'agir de moyens internes, à l'appui des gestionnaires de programmes d'innovation, de moyens externes, à l'appui des parties prenantes externes, ou d'une combinaison des deux. Dans de nombreux cas, ces équipes cumulent aussi des missions d'exécution directe avec des programmes et projets qui catalysent ou favorisent l'innovation (voir l'Encadré 3.2).

Encadré 3.2. L'unité d'Affaires mondiales Canada chargée de l'innovation en matière de développement

Affaires mondiales Canada dispose d'une unité chargée de l'innovation en matière de développement, qui agit en tant que centre d'expertise pour faire évoluer la culture organisationnelle relative à l'innovation afin de réduire la pauvreté, conformément aux principes de Whistler pour accélérer l'innovation au service du développement. L'unité remplit, au sein d'Affaires mondiales Canada, les fonctions de catalyseur, d'interface et de diffuseur de connaissances pour promouvoir l'innovation dans les politiques, la programmation et les partenariats touchant à l'aide internationale. Elle suit un modèle répandu qui permet de mobiliser, d'appuyer, d'autonomiser et d'encourager le personnel à tous les niveaux de la filière de l'aide internationale pour favoriser de nouvelles façons d'œuvrer au développement. L'utilisation des réseaux et des collectivités est un élément central à cet égard. L'unité gère un réseau d'«ambassadeurs de l'innovation », qui se réunissent chaque mois au sein de la Communauté de pratique sur l'innovation en matière de développement pour suivre les perspectives qui se dessinent dans le domaine de l'aide internationale, s'instruire au contact des partenaires d'exécution et plaider en faveur de solutions innovantes. Ce réseau contribue à créer des liens, à faire évoluer l'état d'esprit et à approfondir l'intelligence collective de l'organisation sur le plan de l'innovation.

Les programmes relatifs à l'innovation se déclinent généralement selon deux modalités. La première consiste souvent en un programme ou un projet consacré à l'innovation. Dans le cadre des programmes, il s'agira généralement d'appuyer un portefeuille d'interventions particulières en matière d'innovation, chacune d'elles ciblant plus précisément la conception, la mise au point et la diffusion de certains produits et procédés innovants. Le programme lui-même pourrait être une entité d'octroi de dons, offrant des ressources à des fins d'innovation par l'intermédiaire de concours ou de défis ouverts, ou pourrait fournir des ressources en interne à des équipes et à des personnes possédant un ensemble approprié de compétences et de capacités.

Bien que certains de ces programmes soient limités à un seul bailleur, de plus en plus de fonds communs sont établis par des donneurs ayant un intérêt dans tel ou tel domaine problématique (Fonds d'innovation humanitaire de l'Elrha, Fonds mondial multidonneur pour l'innovation, etc.). Les initiatives de grande envergure qui comprennent un portefeuille d'innovations sont particulièrement pertinentes pour les domaines de travail qui exigent davantage que des solutions produisant des effets immédiats, et lorsqu'il est nécessaire de mettre en place des plateformes permettant aux membres du CAD de mieux se coordonner aux niveaux interne et externe pour s'attaquer à des défis plus importants et plus complexes. Ces initiatives prennent la forme d'efforts déployés au service des biens publics face à des défis de grande ampleur (par exemple accès à des vaccins peu coûteux, prévision de maladies infectieuses, lutte contre l'esclavage moderne, atténuation des changements climatiques, etc.).

La deuxième modalité consiste en des programmes faisant une large place à une question (par exemple maladies non transmissibles, résilience urbaine), à un secteur (par exemple enseignement, énergie) ou à une zone géographique (par exemple stratégies régionales ou nationales) en particulier. Dans le cadre de ces initiatives, l'innovation est généralement considérée comme un thème transversal s'inscrivant dans un programme plus vaste. Non seulement ces programmes fournissent un banc d'essai et un financement de démarrage pour l'innovation, mais ils peuvent aussi être un moyen de mettre à l'échelle des idées nouvelles comme éprouvées.

En dehors de ces interventions, il existe également de nombreux exemples d'appui apporté directement par des membres du CAD à des initiatives d'innovation (par exemple élaboration d'un nouveau vaccin contre le choléra, investissement dans certaines technologies de pointe telles que les drones). Ces efforts pourraient avoir une visée interne (par exemple systèmes d'information sur la gestion, nouvelles procédures et nouveaux processus) ou externe (par exemple santé, protection), ou couvrir des aspects internes et externes (par exemple nouvelles technologies d'apparition récente).

Comment la gouvernance de l'innovation fonctionne-t-elle ?

Une organisation efficace de l'innovation suppose de conjuguer de façon appropriée un appui vertical à l'exécution, un appui horizontal stimulant et une surveillance stratégique du portefeuille d'innovations. Une gestion efficace de portefeuille suppose d'établir une série de processus pour évaluer les possibilités et les besoins, sélectionner et classer par ordre de priorité les possibilités d'innovation, et affecter les ressources, afin de réaliser au mieux des objectifs d'innovation concordant avec des perspectives et stratégies d'ensemble.

D'un point de vue pratique, cela suppose de générer une quantité et une qualité appropriées de renseignements, communiqués en temps voulu, au sujet des possibilités d'innovation et des investissements en la matière, et d'intégrer ces renseignements dans les processus de prise de décision. Grâce à une bonne gestion de portefeuille, on peut :

- tirer des enseignements d'un ensemble varié d'investissements
- comprendre les résultats du portefeuille au regard de différents critères, avantages et inconvénients (par exemple changements graduels/transformations, court terme/long terme, risque/rémunération)
- équilibrer et harmoniser le portefeuille, et lui donner une orientation plus précise, par l'affectation ou la réaffectation de ressources financières et humaines
- élaborer des messages appropriés sur les progrès accomplis dans les efforts d'innovation
- évaluer et gérer les risques globaux.

Des cadres et approches partagés peuvent être utiles pour garantir que les efforts en matière de gestion de portefeuille soient volontaires et délibérés, que leur efficacité conjointe dépasse leur efficacité individuelle et que les différentes formes d'innovation et différents types de risque soient équilibrés (voir l'Encadré 3.3).

Encadré 3.3. Approches de gestion de portefeuille suivies par USAID

Le Bureau de la santé mondiale de l'Agence des États-Unis pour le développement international (USAID) est un exemple d'organisation gouvernementale qui gère ses initiatives d'innovation au moyen d'une structure de portefeuille fondée sur une matrice d'objectifs (Graphique 3.1). L'agence, qui a financé plus de 150 technologies en 2018 et a opéré 25 mise à échelle, doit faire preuve de discipline pour établir un équilibre entre ses investissements effectués dans des solutions de remplacement et dans des méthodes de plus haute technologie. Elle investit 70 % à 90 % de ses fonds consacrés à l'innovation dans des solutions relevant de la catégorie « Améliorer le connu » – qui pourraient être classées comme des innovations fondamentales et adjacentes – et 10 % à 30 % dans des innovations relevant de la catégorie « Inventer la nouveauté », ou des innovations à visée transformatrice.

Graphique 3.1. Le portefeuille de USAID fondé sur une matrice d'objectifs

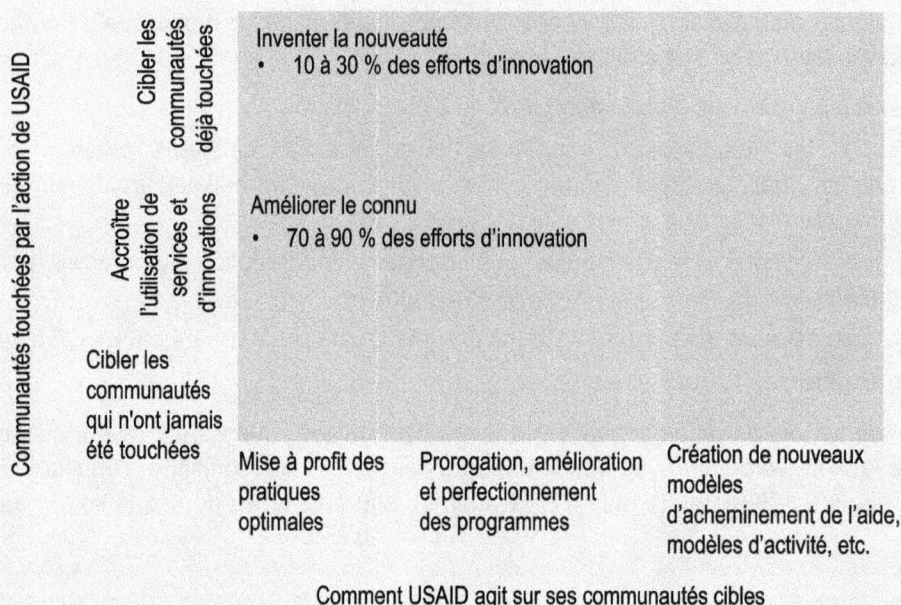

Source : Megersa, K. (2019[1]), *Designing and Managing Innovation Portfolios, Knowledge, Evidence and Learning for Development*, https://assets.publishing.service.gov.uk/media/5da5e56ced915d17bba2c858/662_Designing_and_Managing_Innovation_Portfolios.pdf.

Principales questions à examiner

Chez les membres du CAD, le changement organisationnel est rarement rapide, simple ou univoque. Il convient aussi de noter que les changements propices à l'innovation ne sont pas les seuls facteurs de changement observables dans l'ensemble des pays membres. Cependant que ces impératifs de changement se sont fait jour dans le secteur, des pressions extérieures contraires risquent de réduire à néant le champ laissé à l'innovation et à l'expérimentation (comme indiqué dans la section « Culture, capacité et état d'esprit » au sujet des perceptions extérieures de l'innovation).

Les approches fructueuses de l'innovation suivies dans le secteur privé permettent d'affirmer que l'innovation devrait être traitée comme un processus de changement organisationnel. Au sein des membres du CAD, on pourrait faire davantage pour assurer la concordance et le renforcement mutuel des efforts d'innovation et des efforts plus vastes actuellement menés pour susciter des changements. En effet, il est fréquent que les aspects organisationnels des travaux d'innovation soient minimisés ou qu'il n'en soit pas tenu compte de manière explicite. Cela tient peut-être au fait que les efforts d'innovation ont été déployés selon une approche plutôt « furtive » de la transformation de la structure et de la culture organisationnelles.

La façon dont l'innovation est intégrée et favorisée dans l'ensemble des institutions des membres du CAD pourrait être renforcée. On pourrait s'attacher davantage à opérer des ajustements et des changements qui permettraient de fortifier les facteurs favorables à l'innovation et d'affaiblir les facteurs qui lui sont défavorables. Le personnel constate un élargissement de la marge de changement qui pourrait être exploitée, tant en ce qui concerne les processus de programmation que les stratégies-pays particulières, les domaines thématiques, et les approches du développement et de la formation du personnel.

De nombreuses occasions permettent de mettre en évidence, de manière formelle ou informelle, l'importance des efforts d'innovation et les conditions qui leur sont propices. En particulier, en raison du rôle que les membres du CAD jouent en commandant et en finançant de nouveaux programmes, il s'offre de nombreuses occasions d'intégrer des appels et des encouragements à l'innovation dans les processus fondamentaux se rapportant aux programmes et aux projets (voir l'Encadré 3.4).

Encadré 3.4. Mettre en évidence le caractère prioritaire de l'innovation : enseignements tirés des pays étudiés

Dans l'ensemble des pays étudiés, il existe maints exemples d'équipes et de personnes imaginatives qui s'emploient à concrétiser des efforts d'innovation en concevant des projets et des programmes de manière intelligente et inventive. Dans toutes les organisations, on a aussi trouvé des exemples illustrant comment les institutions en question lançaient des appels à l'innovation. Le moyen le plus couramment employé à cette fin était la formulation de déclarations, ou d'autres expressions d'intention stratégique, par de hauts responsables. Toutefois, ces dernières étaient souvent ambiguës sur la question de savoir qui devrait innover, comment et par quels moyens. Les quatre pays étudiés commencent tous à offrir, à titre expérimental, des possibilités d'introduire des innovations dans les processus et procédures existants, afin d'encourager et de promouvoir une réflexion innovante. Elles consistent :

- à demander l'apport d'une innovation lors des processus de proposition (c'est-à-dire à poser la question « Comment ce projet/programme favorisera-t-il l'innovation ? »)
- à appliquer un critère relatif à l'innovation dans les cadres de suivi, d'évaluation et d'apprentissage
- à tenir compte de l'innovation dans l'analyse des résultats obtenus par les personnes, les équipes et les partenaires
- à créer des prix d'innovation au niveau interne et à participer à de tels prix au niveau externe
- à mettre en place des plateformes pour que le personnel opérationnel et administratif puisse s'employer, avec les innovateurs, à repenser la manière d'éviter les obstacles bureaucratiques à l'innovation par des moyens sur lesquels il est possible de rendre des comptes
- à apprendre au contact de pairs issus d'autres organismes publics nationaux.

On peut considérer que ce travail ouvre plusieurs possibilités pour intégrer une réflexion innovante dans les processus fondamentaux suivis par les membres du CAD ; il peut aussi servir à renforcer les compétences techniques connexes du personnel chargé des programmes, de la recherche et des consultations.

Un nombre limité d'exemples illustrent comment les membres ont créé une fonction stratégique pour piloter l'innovation dans son ensemble. Sur le plan de la surveillance stratégique, le portefeuille global d'innovations des membres du CAD n'a guère, voire pas été évalué. Une analyse ex post est en cours, et l'International Development Innovation Alliance a dispensé une formation à un petit groupe de membres du CAD, mais il est urgent de renforcer ces démarches. À défaut, l'innovation risque de consister en une série d'efforts disparates façons, et non en un ensemble cohérent d'initiatives et d'intentions.

La crainte de la bureaucratie ne devrait pas automatiquement conduire à une prédominance de l'« adhocracie ». Il est un domaine d'action des instances dirigeantes qui nécessite un renforcement général : le pilotage, la gouvernance et le suivi du portefeuille d'activités des membres du CAD. Il est urgent de mettre en place, à l'échelon des conseils d'administration ou à un échelon équivalent, des mécanismes plus clairs pour traiter les questions relatives à la gouvernance de l'innovation et à la prise de décision stratégique en la matière.

En quoi la collaboration renforce-t-elle les efforts d'innovation ?

La collaboration aux efforts d'innovation est un moyen essentiel d'aider les organisations innovantes à acquérir de l'expérience et à trouver des idées, à mettre celles-ci en commun, ainsi qu'à lancer des processus d'innovation plus solides et plus efficaces. Cette collaboration peut être relative à des domaines techniques (par exemple santé, eau et assainissement, nouvelles technologies), à l'accroissement des connaissances des principales parties prenantes (par exemple partenaires, concurrents et utilisateurs finals) et à la compréhension du et influence sur le contexte (par exemple normes sociales, contextes politiques, facteurs favorables et obstacles d'ordre juridique et institutionnel). La collaboration crée de la valeur ajoutée grâce à l'élargissement des perspectives, au renforcement des capacités, à l'élaboration conjointe de solutions, à l'exécution commune des processus d'innovation, ainsi qu'au partage des risques.

Situation actuelle

Les problèmes et défis liés à l'innovation sont mieux cernés et compris lorsque des acteurs d'horizons variés – disposant de ressources, compétences et incitations diverses – collaborent à plusieurs niveaux afin d'atteindre des objectifs relatifs à la gestion de l'innovation (Snow, 2018[2]).

Les membres du CAD attachent beaucoup d'attention à l'importance de la collaboration et font preuve d'une humilité bienvenue quant à la mesure dans laquelle leur capacité à innover repose sur l'appui et les aptitudes d'autres acteurs.

D'après l'enquête menée auprès des membres du CAD, les collaborations en faveur de l'innovation ont différentes raisons d'être :

- l'apport d'un appui stratégique aux équipes chargées de l'innovation ou aux innovateurs des pays donneurs
- la conception et la mise en œuvre de nouveaux programmes, mécanismes et modalités
- la mise en commun de ressources aux fins de l'innovation dans l'ensemble des secteurs public (donneurs et autres) et privé
- l'élaboration et l'exécution de processus solides d'innovation et de conception
- la réalisation d'un tour d'horizon des solutions et des produits
- la promotion et l'encouragement des efforts d'innovation déployés par les utilisateurs et les populations locales
- la formation d'alliances et de réseaux de mise en commun des connaissances et d'apprentissage.

Il ressort de cette liste qu'une collaboration peut être déterminante pour accomplir des efforts d'innovation bien précis. Elle peut également être moins ciblée et renforcer l'ensemble de l'écosystème de l'innovation au service du développement. Ce dernier point a été particulièrement mis en relief lors de l'atelier multipartite d'octobre 2019, où il a été observé qu'il fallait consolider l'ensemble de l'écosystème de l'innovation dans les pays membres et non membres de l'OCDE. L'atelier a notamment mis l'accent sur le rôle que peuvent jouer les membres du CAD pour renforcer les capacités d'innovation dans et entre les pays et élaborer des approches collectives avec un large éventail d'acteurs.

Comme l'illustre l'Encadré 3.5, les méthodes de collaboration sont de plus en plus sophistiquées.

Encadré 3.5. L'établissement de partenariats externes en matière d'innovation par le service iXc du ministère des Affaires étrangères et du Commerce de l'Australie

Le service InnovationXchange (iXc) du ministère des Affaires étrangères et du Commerce (DFAT) de l'Australie a noué un certain nombre de partenariats externes entre 2015 et 2018, y compris avec des entreprises du secteur privé, des programmes mondiaux et des organisations philanthropiques. Les programmes qui en ont résulté ont été codirigés et se sont également assortis d'un cofinancement, ainsi que d'une direction éclairée et collaborative. On peut citer comme exemples :

- une collaboration avec Bloomberg Philanthropies sur la *Data for Health Initiative* (initiative pour des données au service de la santé), qui est menée dans 20 pays, dont 7 dans la région indo-pacifique
- un partenariat avec l'Université Monash sur le *World Mosquito Program* (programme mondial sur les moustiques), visant l'élaboration d'une méthode innovante destinée à éliminer la dengue et le virus Zika aux Fidji, aux Kiribati, au Sri Lanka et au Vanuatu.

L'iXc a été considéré par ses partenaires externes comme étant un service réactif axé sur la recherche de solutions, et un partenaire solide et éclairé ; le personnel de l'iXc était généralement enthousiasmé par ses objectifs. Les partenaires ont aussi fait observer que l'équipe de l'iXc se caractérisait par un bon mode de gestion, une administration simple des subventions et un mandat clair confié par le ministre australien des Affaires étrangères. Plusieurs des partenaires externes qui ont été interrogés ont relevé que leur concordance stratégique avec l'iXc s'était accrue au fil du temps, et certains ont constaté qu'ils avaient commencé à prendre en considération les priorités du DFAT, par anticipation, dans leurs stratégies d'investissement et leurs domaines d'intervention.

Ces partenariats externes ont ouvert à l'iXc des possibilités d'action dans un éventail de contextes et de pays, et beaucoup de ces possibilités ont permis de mobiliser des fonds supplémentaires à l'appui des objectifs de programmation. L'iXc indique avoir levé près de 60 millions AUD de fonds communs pour la région Asie-Pacifique et avoir, en outre, apporté son expertise et donné de son temps à titre de contributions en nature.

Dans le cadre d'un examen indépendant réalisé en 2019, il a été conclu que les partenariats externes étaient l'un des aspects les plus positifs des trois premières années de la stratégie d'innovation poursuivie par le DFAT.

Source : Elson, O., T. Feeny et L. Heinkel (2019[3]), *Experimentation, Partnership and Learning: Insights from a Review of the First Three Years of DFAT's InnovationXchange*, www.r4d.org/resources/experimentation-partnership-and-learning-insights-from-a-review-of-the-first-three-years-of-dfats-innovationxchange.

Il ressort des réponses à l'enquête comme des études de cas que le secteur privé est largement considéré comme un partenaire de choix dans le domaine de l'innovation. Cela ne va pas de soi, et des tensions persistent chez les membres du CAD, notamment en ce qui concerne leur secteur privé national et leur rapport respectif avec l'aide liée. Cela a suscité des questions sur la meilleure manière de mettre à profit les aptitudes à innover des membres du CAD, questions que l'on cherche encore à résoudre.

Les chercheurs et les scientifiques jouent également un rôle essentiel dans les efforts d'innovation au service du développement : en analysant les approches existantes, en en recherchant de nouvelles, en concevant et en testant des approches pilotes, et en étoffant la base factuelle nécessaire aux mises à l'échelle. De nombreux membres du CAD mènent actuellement des partenariats de recherche avec des établissements universitaires et des groupes de réflexion, qu'ils consultent aussi sur certaines questions relatives à l'innovation. Bien que ces partenariats soient approfondis et établis de longue date, il est souvent nécessaire de renforcer la boucle de rétroaction entre la production et l'utilisation de travaux de recherche pour éclairer les efforts d'innovation que déploient les membres du CAD et leurs partenaires. Parmi les pays étudiés, tous investissent notablement dans la recherche-développement et s'emploient à améliorer les liens entre les travaux de recherche et les activités de programmation pour tirer parti des fruits de ces investissements.

D'autres donneurs sont des acteurs de premier plan, comme des agences multilatérales ayant en commun des intérêts et mandats particuliers (ainsi, l'Organisation mondiale de la santé se consacre à la santé, le Fonds des Nations Unies pour l'enfance, aux enfants, le Programme alimentaire mondial, à la nutrition et à la sécurité alimentaire, la Banque mondiale, au développement économique et à l'accès aux services financiers, etc.). Ces partenariats peuvent concerner des domaines précis de l'innovation (par exemple financement d'un nouveau mode de prise en charge de la santé maternelle) ou porter, à un niveau plus général, sur le renforcement des aptitudes multilatérales à innover.

La société civile ne joue pas un rôle homogène dans le fonctionnement actuel de l'innovation au service du développement. Il est parfois demandé aux organisations de la société civile (OSC) d'innover, mais dans les quatre pays étudiés, très peu d'OSC ont été désignées comme jouant un rôle déterminant dans les efforts d'innovation. Parmi les représentants d'OSC consultés dans le cadre des études de cas, beaucoup ont relevé un manque de cohérence des signaux émanant des donneurs, et même une tendance prononcée de ces derniers à abandonner des approches inventives et originales au profit d'objectifs et d'approches prévisibles et prédéfinis. Un exemple intéressant de la manière dont les membres du CAD ont fait face à cette situation est la façon dont Affaires mondiales Canada a recouru à des communautés de pratique pour établir un dialogue et se concerter avec des OSC sur des questions relatives à l'innovation, et dont le ministère a intégré cette dernière dans la politique menée à l'égard des OSC (voir l'Encadré 3.6).

Encadré 3.6. La communauté de pratique multipartite d'Affaires mondiales Canada consacrée à la société civile

Affaires mondiales Canada dialogue activement avec les organisations de la société civile (OSC) canadiennes dans le cadre de sa communauté de pratique multipartite. Cette dernière promeut le programme canadien d'innovation pour le développement, ainsi que les lignes directrices d'Affaires mondiales Canada, en concourant au développement des capacités collectives grâce à l'apprentissage et à la mise en commun des connaissances concernant les bonnes pratiques, les enseignements et les outils se rapportant à l'innovation dans le domaine de l'aide internationale.

La politique canadienne de partenariat avec la société civile pour l'aide internationale définit une approche visant à accroître l'efficacité de la coopération avec les OSC canadiennes, internationales et locales pour maximiser l'effet et les résultats de l'aide internationale du Canada et favoriser la solidité du secteur de la société civile, approche assortie d'un objectif relatif à l'innovation. Cette manière innovante d'associer des partenaires de la société civile a abouti à un processus unique en son genre consistant à élaborer conjointement le plan d'exécution de la politique, puis à se partager la mise en œuvre. Cette nouvelle approche a été accueillie très favorablement par les OSC partenaires, le secteur saisissant pleinement l'occasion de débattre sur l'exécution de la politique relative aux OSC dans un cadre d'ouverture et de collaboration. En 2018, le Conseil canadien pour la coopération internationale a entrepris des travaux de recherche sur l'innovation en s'instruisant au contact des plateformes nationales d'OSC d'autres membres du CAD, et a mis ces travaux à profit pour tirer des enseignements à l'intention des OSC canadiennes, concluant que « le plus grand risque pour les OSC [était] peut-être de négliger l'innovation ».

Source : Gareau, L. et C. Heshmati-Calderón (2018[4]), *Daring to Take Risk and Fail: Building an Innovation Agenda in Canada's Global Development and Humanitarian Context*, https://ccic.ca/wp-content/uploads/2018/12/Daring-to-Take-Risk-and-Fail-December-2018.pdf.

Principales questions à examiner

De nombreux membres du CAD considèrent qu'il est essentiel de créer de nouveaux types de modèle d'activité et de partenariat pour établir des relations tripartites équilibrées, dont l'utilité est souvent à la mesure de la primauté du rôle joué par le secteur privé. Une innovation fructueuse sur le plan du développement dépend autant de l'ensemble du secteur public, des organisations à but non lucratif et des utilisateurs finals que des entreprises. Des idées sur l'« État entrepreneurial[1] » commencent à filtrer dans les débats sur le développement et devraient jouer un rôle pour les membres du CAD aussi bien que pour leurs pays partenaires du Sud.

Bien que la prudence soit de mise quant aux questions de l'aide liée, plusieurs exemples illustrent comment il est possible d'exploiter les écosystèmes pour accomplir des progrès en matière de développement, par exemple en recherchant des avantages comparatifs, en mettant en place des bourses et des partages de connaissances, et en établissant des mécanismes ou des centres pour le traitement accéléré des domaines prioritaires.

Au niveau interne, un effort de sensibilisation est nécessaire pour garantir que l'innovation ne s'inscrive pas dans un processus descendant piloté par les services centraux, ainsi que pour mettre à contribution les bureaux de pays au niveau stratégique, et mettre à contribution leurs homologues nationaux ou locaux.

La pratique consistant à négliger les acteurs nationaux et locaux, ou à ne pas les prendre en considération avant qu'il ne soit trop tard, est un angle mort très préoccupant des efforts d'innovation actuellement déployés. En dépit des idées largement répandues sur la nécessité d'associer les utilisateurs finaux en tenant compte de la spécificité du contexte qui est le leur et dans un souci de participation et d'ouverture, dans la pratique, les membres du CAD ont prêté bien plus d'attention aux travaux d'innovation menés par les acteurs traditionnels du développement et de l'action humanitaire. En conséquence, une plus grande attention a été accordée aux innovations visant des changements graduels qui maintiennent le *statu quo* qu'aux transformations en rupture avec le passé. Il faut que les acteurs de l'innovation des pays en développement soient systématiquement associés aux initiatives et processus d'innovation d'une façon plus précoce et plus soutenue.

Références

Elson, O., T. Feeny et L. Heinkel (2019), *Experimentation, Partnership and Learning: Insights from a Review of the First Three Years of DFAT's InnovationXchange*, Results for Development, http://www.r4d.org/resources/experimentation-partnership-and-learning-insights-from-a-review-of-the-first-three-years-of-dfats-innovationxchange (consulté le 1 janvier 2020). [3]

Gareau, L. et C. Heshmati-Calderón (2018), *Daring to Take Risk and Fail: Building an Innovation Agenda in Canada's Global Development and Humanitarian Context*, Canadian Council for International Co-operation, Vanier, Ontario, https://ccic.ca/wp-content/uploads/2018/12/Daring-to-Take-Risk-and-Fail-December-2018.pdf (consulté le 1 janvier 2020). [4]

Megersa, K. (2019), *Designing and Managing Innovation Portfolios*, Knowledge, Evidence and Learning for Development (K4D), https://assets.publishing.service.gov.uk/media/5da5e56ced915d17bba2c858/662_Designing_and_Managing_Innovation_Portfolios.pdf (consulté le 1 janvier 2020). [1]

Snow, T. (2018), *Why and How Does Collaboration Drive Innovation in the Public Sector?*, Nesta, http://www.nesta.org.uk/blog/why-and-how-does-collaboration-drive-innovation-public-sector (consulté le 1 janvier 2020). [2]

Notes

[1] Selon cette approche fondée sur les travaux décisifs de l'économiste Mariana Mazzucato, loin d'être une bureaucratie qui devrait « laisser la voie libre » à l'inventivité du secteur privé, les pouvoirs publics peuvent résolument contribuer à corriger les défaillances du marché, ainsi qu'à créer et à façonner de nouveaux marchés, en investissant activement dans de nouvelles technologies et de nouveaux secteurs qui offrent ensuite des possibilités aux entreprises et investisseurs privés.

4 Le processus d'innovation au service du développement

Les organisations qui innovent avec succès sont celles qui sont à même de cerner les défis ou opportunités spécifiques auxquels il convient d'allouer des ressources, d'appuyer et de faciliter les efforts déployés pour susciter, inventer et développer de nouvelles idées, d'investir des ressources dans le déploiement et l'évaluation d'approches innovantes, et de disposer de ressources et de processus expressément consacrés à la diffusion, l'adoption et la mise à l'échelle de telles approches. Le présent chapitre examine les modalités de mise en œuvre de ce processus d'innovation par les membres du Comité d'aide au développement (CAD) et établit si une « diligence raisonnable » en matière d'innovation est en place. Il analyse les lacunes entre le stade des études pilotes et la phase de mise à l'échelle, et examine plus avant la nécessité de réfléchir et d'apprendre plus activement des trajectoires d'innovation lors de leur déploiement. Le chapitre étudie comment les membres du CAD financent les composantes d'un écosystème d'innovation et cherchent à optimiser leurs différents investissements dans le cadre d'une approche unifiée de l'innovation visant à mettre en commun les fonds et à réduire les risques.

Messages clés

- Les organisations qui innovent avec succès sont celles qui sont à même de cerner les questions, problèmes et opportunités spécifiques auxquels il convient d'allouer des ressources, d'appuyer et de faciliter les efforts déployés pour susciter, inventer et développer de nouvelles idées, d'investir des ressources dans le déploiement et l'évaluation d'approches innovantes, et de disposer de ressources et de processus expressément consacrés à la diffusion, l'adoption et la mise à l'échelle de telles approches.

- Pour bien circonscrire les problèmes, il faut savoir les analyser clairement, évaluer les avantages et les inconvénients des solutions en place, et laisser du champ et offrir des incitations pour la recherche de nouvelles solutions. Hors, ce type de « diligence raisonnable » en matière d'innovation fait défaut à la plupart des membres du CAD.

- Les pressions institutionnelles et politiques ont souvent pour conséquence de sacrifier les conclusions de l'analyse des problèmes au profit d'une action immédiate et ponctuelle. Les programmes sont alors lancés dans l'urgence, sans qu'il soit suffisamment prêté attention à leur conception, leurs présupposés et leurs théories du changement.

- L'ensemble des membres du CAD devraient redoubler d'efforts pour réfléchir sur le cycle complet du processus d'innovation et les résultats à en attendre. Il faudrait établir un continuum entre le stade des études pilotes et la phase de déploiement à l'échelle, et réfléchir et apprendre activement des trajectoires d'innovation lors de leur déploiement, en étudiant les facteurs et les acteurs qui les favorisent ou au contraire les entravent.

- À de rares exceptions près, le secteur du développement a tardé à associer des innovateurs nationaux et locaux aux processus d'innovation, en dépit de l'existence d'approches tout à fait pertinentes, telles que l'« innovation frugale », qui puisent dans les idées et les compétences d'esprits novateurs issus des pays en développement.

- Si les membres du CAD ont une connaissance tacite des multiples moyens permettant de déployer les innovations à l'échelle, ce déploiement repose avant tout sur la mobilisation du secteur privé et fait fi d'autres approches. Or ne privilégier qu'une approche peut nuire aux efforts individuels d'innovation et conduire à sous-évaluer les immenses capacités d'innovation que recèlent le secteur public et les secteurs à but non lucratif.

- Si les membres du CAD peuvent souvent se prévaloir d'innovations efficaces, ils ne tirent pas systématiquement des enseignements des trajectoires d'innovation. Pour réunir des données probantes sur les moyens de porter des initiatives à l'échelle, il serait bon d'examiner dûment les résultats déjà obtenus dans le cadre des expériences passées.

- Les membres du CAD financent souvent toutes les composantes d'un écosystème d'innovation – recherche, enseignement, compétences, bourses d'études, programmes, partenariats, réseaux – mais ne cherchent pas activement à optimiser ces différents investissements dans le cadre d'une approche unifiée de l'innovation. De tels investissements dans des écosystèmes propices à une innovation qui permette l'anticipation et à visée transformatrice pourraient être une démarche utilement suivie par les donneurs, de façon à mettre en commun les fonds et à réduire les risques.

Comment les problèmes et les opportunités sont-ils mis en évidence ?

Les recherches menées sur l'innovation dans un grand nombre de secteurs montrent que, si chaque processus d'innovation est unique, des tendances communes émergent concernant l'évolution des innovations, depuis l'idée initiale jusqu'à l'obtention d'un impact sur les activités opérationnelles et stratégiques. Selon l'enquête menée auprès d'eux, l'ensemble des membres du CAD ont connaissance des processus d'innovation par étapes à valider (modèle Stage-Gate) et sont conscients de leur rôle dans le passage du développement d'une idée à son expérimentation à échelle réelle.

Les organisations qui innovent avec succès sont celles qui sont à même de cerner les questions, problèmes et opportunités spécifiques auxquels il convient d'allouer des ressources. Dans certains contextes, cette capacité s'appuie sur la connaissance des besoins, sur la base des domaines dans lesquels les approches standard échouent depuis longtemps, de manière récurrente ou depuis peu. Dans d'autres contextes, le fait de savoir ou de découvrir qu'une nouvelle solution est envisageable peut permettre de prendre conscience qu'il existe une possibilité d'innover. La mise en évidence de problèmes et d'opportunités nécessite des ressources, des processus bien définis pour l'analyse des difficultés et les moyens de se mettre d'accord sur les priorités à observer pour déclencher des efforts ultérieurs en matière de recherche et de découverte.

Situation actuelle

L'enquête et les études de cas mettent en évidence une multitude de défis considérés par les membres du CAD comme des priorités pour l'innovation ; c'est le cas de la santé, du climat, de la biodiversité, des droits de la personne, du handicap, de la démocratie, de la gouvernance, du genre et des questions humanitaires. Certains membres voient en outre dans certaines solutions technologiques d'importantes pistes d'exploration (par exemple, les données, le numérique, les technologies d'avant-garde, etc.).

En dépit de l'existence de cadres tels que les Objectifs de développement durable de l'ONU ou les priorités de développement des ministères, la démarche suivant laquelle différents problèmes globaux sont choisis comme cibles des efforts d'innovation déployés dans l'ensemble d'une organisation n'apparaît pas toujours clairement. En l'absence de mécanismes plus formels, plusieurs facteurs peuvent être considérés comme ayant une influence :

- des individus clés : au niveau des hauts responsables et des décideurs en particulier, certaines personnes ont une influence considérable sur le choix des domaines d'innovation qui bénéficieront d'investissements

- les capacités organisationnelles existantes, y compris dans le domaine de l'innovation : lorsque des donneurs possèdent une solide expérience dans un domaine spécifique, ils sont généralement plus disposés à explorer de nouvelles possibilités

- l'implication d'autres donneurs et de partenaires compétents : parfois, la priorité est accordée à certains problèmes du fait de l'attention que reçoit un domaine d'action particulier, plutôt que des véritables besoins en termes de développement ou d'action humanitaire

- l'évolution du contexte et des besoins : des événements spécifiques, tels que l'urgence climatique ou l'apparition de nouvelles maladies, entre autres, peuvent orienter vers certains domaines l'intérêt et les investissements en matière d'innovation.

Au sein des secteurs ou domaines thématiques sélectionnés, les initiatives en matière d'innovation des pays visés par les études de cas commencent généralement par un processus de consultation destiné à déterminer les questions que l'innovation pourrait avoir intérêt à cibler. Ces exercices de grande ampleur ont permis d'aborder :

- différentes problématiques sectorielles (telles que la santé mentale dans le monde ou l'amélioration de l'assainissement dans les zones rurales)

- les grands défis mondiaux (urbanisation durable, prévention de la violence)
- les problèmes contextuels rencontrés par une région ou un pays spécifique (par exemple, comment renforcer les indicateurs de développement humain en République-Unie de Tanzanie ou la transformation numérique dans la région Asie-Pacifique)
- les possibilités offertes par les nouvelles avancées technologiques (telles que les technologies d'avant-garde).

Ces exercices de définition des priorités varient dans leur forme et leur portée, mais impliquent généralement certains, voire la totalité, des éléments suivants :

- des processus de recherche documentaire approfondie, incluant des examens de la littérature et des synthèses des connaissances et des savoirs sur un sujet donné (par exemple, les travaux du ministère britannique du Développement international [DFID] sur les innovations dans le domaine de l'eau et de l'assainissement)
- des consultations menées auprès des « acteurs habituels » d'un secteur donné et de quelques acteurs extérieurs (par exemple les efforts déployés dans le cadre des grands défis dans des domaines nouveaux, tels que les conflits, la redevabilité ou la possibilité d'exprimer son point de vue)
- des approches ouvertes, communautaires, qui ont recours aux réseaux sociaux et à d'autres technologies pour définir des priorités grâce à un large éventail de parties prenantes, incluant le public (par exemple, utilisation de la production participative et d'outils similaires pour identifier les besoins en termes d'innovation)
- la constitution de groupes consultatifs constitués d'experts qui fournissent des idées et des contributions en vue de la définition de priorités (par exemple, les groupes consultatifs stratégiques et techniques du Fonds mondial pour l'innovation).

Principales questions à examiner

Parmi ces efforts, trois questions reviennent constamment. Premièrement, la nature des problèmes qui requièrent des innovations est d'une ampleur très variable. Le travail conduit par Grand Challenges a mis en évidence quatre types de problématiques distinctes :

- les problématiques habituelles (par exemple : mettre au point un nouveau traitement pour la diarrhée de l'enfant)
- les nouvelles problématiques majeures (par exemple : comment surmonter des défis tels que la mise en place d'infrastructures urbaines durables ou l'utilisation d'une énergie abordable dans les zones rurales)
- les problématiques de transformation systémique (par exemple : comment faire passer l'ensemble d'un pays ou d'un secteur à une économie circulaire, respectueuse de l'environnement)
- les problématiques relatives aux écosystèmes d'innovation (par exemple : comment garantir que le système d'innovation lui-même fonctionne de façon efficace et inclusive).

Si, en principe, les membres du CAD sont disposés à travailler sur la totalité de ces domaines, les efforts d'innovation ont tendance à bénéficier de davantage d'impulsion de la part des institutions dans le premier domaine. Le fait de mettre l'accent, de manière compréhensible, sur ces « connus connus » peut contribuer à façonner les exercices de définition des priorités en influant sur les questions posées, le choix des personnes à qui elles sont posées et les réponses qui se dégagent le plus nettement.

Deuxièmement, les consultations menées pour définir les priorités laissent couramment de côté les acteurs des pays en développement. Si, dans certains cas, les pouvoirs publics et les organisations de la société civile peuvent être représentés, les communautés qui vivent sur les lieux où seront mises en œuvre des innovations dans les domaines du développement et de l'action humanitaire sont rarement associées à ces efforts, voire jamais. Ce constat met en évidence un point essentiel : les membres du CAD cherchent souvent à définir les priorités au moyen de consultations, alors que la situation des communautés pauvres et vulnérables appelle à mettre davantage l'accent sur une observation et une écoute actives et directes (voir Encadré 4.1). En dépit du leitmotiv de l'innovation centrée sur l'utilisateur, les efforts s'appuyant sur une immersion dans la vie des communautés ne sont pas encore monnaie courante pour établir les besoins en matière d'innovation.

Troisièmement, même les exercices de définition des priorités les plus efficaces ne sont pas toujours pleinement mis à profit lorsqu'il s'agit de concevoir des programmes au sein des membres du CAD. Dans certains cas, cela peut s'expliquer parce que ces efforts sont nécessairement agrégés à haut niveau : les priorités qui en résultent sont souvent de trop haut niveau et trop génériques pour pouvoir être mises en application concrètement. Par exemple, de nombreux exercices de définition des priorités peuvent préconiser des « innovations à même d'améliorer la participation des communautés », mais cela ne suffit pas pour décider de ce qu'il convient de faire.

Si l'on veut bien circonscrire les problèmes, il ne faut pas se contenter de dire « nous avons besoin d'innovation pour *x* » : il faut savoir analyser clairement les problèmes, évaluer les avantages et les inconvénients des solutions en place, et laisser du champ pour en découvrir de nouvelles. Ce type de « diligence raisonnable » en matière d'innovation brille par son absence. Les pressions institutionnelles et politiques ont souvent pour conséquence de sacrifier les conclusions des consultations au profit d'une action immédiate et ponctuelle. Bien que cela puisse constituer un moyen pragmatique de tirer parti des possibilités d'innovation, il s'ensuit souvent que les programmes sont lancés dans l'urgence, sans qu'il soit suffisamment prêté attention à leur conception, leurs présupposés et leurs théories du changement.

Encadré 4.1. Le processus d'Elrha pour définir des priorités mondiales d'innovation dans le domaine de l'action humanitaire

Il existe des lacunes importantes dans les données probantes et les capacités d'innovation qui sous-tendent l'action humanitaire. La mise en place d'un système humanitaire capable d'anticipation et véritablement adapté pour répondre à des crises nécessite de nouer des alliances plus efficaces au sein des milieux de la science, de la recherche et de l'innovation et entre eux.

Initialement financé par le ministère britannique du Développement international, puis par d'autres membres du CAD dont l'Agence des États-Unis pour le développement international (USAID) – principal acteur de l'innovation humanitaire mondiale – le réseau Elrha a lancé en 2017 un exercice de définition des priorités au niveau mondial pour la recherche et l'innovation dans le secteur humanitaire (*Global Prioritisation Exercise for Humanitarian Research and Innovation* – GPE). Cette initiative vise à modifier l'impact de la recherche et de l'innovation dans le cadre du système humanitaire. L'objectif de l'exercice est de faire connaître au public la diversité des investissements, des capacités et des activités déployés au niveau mondial dans la recherche et l'innovation humanitaires, ainsi que de mener de vastes consultations et de définir des priorités communes en vue des investissements et actions futurs.

L'exercice a commencé par une cartographie mondiale destinée à dresser un état des lieux détaillé de la recherche humanitaire et des activités d'innovation à l'échelle internationale grâce aux travaux publiés en 2016-17. Les données présentées ont non seulement montré la diversité des orientations thématiques, techniques et géographiques des activités menées pendant cette période, mais aussi recensé les nombreux bailleurs de fonds et acteurs à l'œuvre dans ce domaine.

Ces premiers résultats ont soulevé d'importantes questions quant à l'adéquation entre les investissements et activités actuels, d'une part, et les priorités et besoins humanitaires reconnus, d'autre part, et ont révélé des écarts intéressants entre l'axe retenu par les communautés de la recherche et par celles de l'innovation. Les données ont également révélé une nette disparité entre la localisation des bénéficiaires de financements et le ciblage géographique des activités de recherche et d'innovation elles-mêmes. La grande majorité des ressources en matière de recherche et d'innovation ont été à la fois fournies et reçues par des acteurs des pays développés. Ce constat essentiel tend à indiquer qu'il faut faire davantage pour que les financements soient désormais alloués à des partenaires plus proches des zones où les besoins humanitaires sont les plus directement ressentis.

Guidée par les premiers résultats, la seconde phase de l'exercice consistera en une consultation menée au niveau mondial auprès des principaux acteurs de la recherche et de l'innovation humanitaires, avec pour objectif de définir des priorités communes pour les actions et les investissements en matière de recherche et d'innovation.

Source : Global Emergency Group et al. (2017[1]), *Global Prioritisation Exercise for Research and Innovation in the Humanitarian System: Phase One Mapping*, www.elrha.org/researchdatabase/global-prioritisation-exercise-research-innovation-humanitarian-system-phase-one-mapping.

Comment les idées sont-elles trouvées et les propositions élaborées ?

La recherche d'idées et l'élaboration de propositions est une composante indispensable du processus d'innovation. Elle suppose généralement de soutenir et de faciliter les activités axées sur la recherche, l'invention et l'élaboration de nouvelles idées, et comprend l'analyse de solutions possibles aux problèmes mis en évidence, la réalisation de prototypes de nouvelles approches, ainsi que la mise en œuvre d'exercices de validation de principe. L'élaboration de propositions est essentielle pour transformer les idées initiales en approches valables et vérifiables dans les contextes du développement et de l'aide humanitaire.

Situation actuelle

Lorsqu'il s'agit de définir et de développer des solutions innovantes, on peut remarquer une volonté explicite d'obtenir la contribution d'un grand nombre d'acteurs extérieurs à l'organisation intéressée – en particulier issu du secteur privé, des entrepreneurs et des scientifiques – et de les prendre en considération. Tous les répondants à l'enquête et les pays étudiés ont souligné l'importance d'établir des liens avec ces différents acteurs dans divers domaines d'innovation thématique, de la santé aux infrastructures.

L'un des enseignements clés tirés de l'ensemble des études de cas est qu'il n'existe pas ou peu de solutions innovantes prêtes à être reprises et appliquées dans des contextes de développement et d'action humanitaire. Si les salons consacrés à l'innovation et autres exercices similaires jouent un rôle important en élargissant le champ des possibles, presque tous ces acteurs doivent mettre en place un processus d'apprentissage itératif – avec les membres du CAD, leurs partenaires d'exécution et leurs homologues des pays en développement, pour comprendre véritablement comment leurs idées pourraient apporter une valeur ajoutée – ainsi qu'un processus d'innovation solide et adapté au contexte. Ce processus nécessite du temps, des ressources et de la patience et explique en grande partie pourquoi les efforts d'innovation dans ce secteur ne doivent pas se réduire à rechercher une solution miracle : non seulement ce raisonnement est erroné, mais il peut en outre susciter des attentes irréalistes parmi les acteurs qui sont nouveaux dans le secteur.

Principales questions à examiner

Là encore, les pays en développement se trouvent dans un angle mort, dans le sens où le potentiel des innovateurs de ces pays n'est ni reconnu ni exploité, et ce en dépit de l'existence d'approches tout à fait pertinentes, telles que l'« innovation frugale », qui puisent dans les idées et les compétences d'esprits novateurs issus des pays en développement. À de rares exceptions près, le secteur du développement a tardé à associer des innovateurs nationaux et locaux aux processus de recherche d'idées.

Sans contrôle, les efforts d'innovation au service du développement tels qu'ils sont actuellement conçus et déployés risquent de mettre davantage l'accent sur le transfert de technologies vers les pays en développement que sur des collaborations à l'appui de l'innovation avec ces pays. Il faut y voir une occasion manquée.

Comment mettre en œuvre et évaluer les projets et programmes d'innovation ?

Ce stade du processus d'innovation porte sur la façon dont les solutions proposées sont mises à l'essai, déployées dans un projet pilote et soumises à une analyse systématique, et en fonction des résultats, les solutions passent à la phase de mise à l'échelle ou bien font l'objet d'un nouvel ajustement, d'itérations et d'une expérimentation. Les organisations innovantes sont celles qui disposent des ressources et des compétences leur permettant de mettre en œuvre et d'évaluer les approches innovantes et qui possèdent les moyens de faire progresser les innovations réussies.

Situation actuelle

Les quatre membres du CAD sujet à l'exercice d'apprentissage travaillent sur l'innovation à plusieurs niveaux :

- Les projets d'innovation menés au niveau local impliquent directement des innovateurs et des individus dans des contextes spécifiques, fournissant un soutien et des investissements directs dans des domaines tels que le capital, la technologie, les compétences ou les processus de gestion des infrastructures et des innovations (par exemple toute la palette des efforts actuellement déployés dans la technologie du chaînage par blocs au service du développement ou dans la technologie mobile pour la cartographie des maladies).

- Les programmes menés à un niveau intermédiaire expérimentent un éventail d'approches similaires dans divers contextes, les moyens étant mis en place pour tester et évaluer les progrès et les effets (par exemple la mise à l'essai de nouvelles approches communautaires en matière d'assainissement dans des contextes socio-culturels spécifiques).

- Les programmes à grande échelle s'appuient sur les principaux enseignements pour déployer les innovations à l'échelle et prennent en considération les dimensions techniques et institutionnelles ou systémiques de la diffusion, notamment les conditions financières, juridiques et réglementaires, entre autres (par exemple les programmes de transferts monétaires ou les services financiers numériques).

Dans tous les cas, il a été constaté que les donneurs avaient du mal à dépasser le stade des initiatives locales d'innovation qui regroupaient ce type de projets. Le phénomène largement reconnu et déploré de la « pilotite » en témoigne. Ce terme désigne la « prolifération de petits projets pilotes techniques à travers l'Asie et l'Afrique – qui testent souvent des applications similaires » (Chamberlain, 2012[2]). Ceux qui, parmi les membres du CAD, dirigent des activités d'innovation considèrent de plus en plus qu'il importe de passer de la mise en œuvre de multiples projets locaux à davantage de programmes à moyenne et à grande échelle. Cependant, cela n'est pas toujours simple. Le juste milieu n'a pas été atteint entre les projets d'innovation créatifs, à haut risque mais à petite échelle, qui peuvent être vus comme relativement peu ambitieux, et des programmes plus conventionnels, à faible risque et à grande échelle, qui constituent la norme pour les donneurs des secteurs du développement et de l'action humanitaire.

Des initiatives telles que les fonds d'encouragement offrent un bon exemple d'application pratique de ce type d'approche émergente. Ces fonds prennent de plus en plus en considération le fait que des gains substantiels peuvent être réalisés dans la zone intermédiaire et exigent un effort spécialisé, ciblé et réfléchi pour combler les lacunes grâce au recueil d'éléments factuels et à l'adoption des conclusions de recherche (voir Encadré 4.2).

Encadré 4.2. Utilisation par les membres du CAD des fonds d'encouragement pour renforcer la mise en œuvre et l'évaluation

Les fonds d'encouragement constituent l'un des principaux moyens permettant aux bailleurs de se lancer dans des activités d'innovation, en particulier de façon collective. Parmi les exemples les plus notables figurent le Fonds mondial pour l'innovation (soutenu par le ministère britannique du Développement international - DFID, le ministère suédois des Affaires étrangères/l'Agence suédoise de coopération internationale au développement – SIDA, le ministère australien des Affaires étrangères et du Commerce - DFAR, et l'Agence des États-Unis pour le développement international – USAID, entre autres). En 2018, SIDA a commandité une évaluation des investissements qu'elle avait réalisés pendant dix ans dans dix fonds d'encouragement. Les résultats qui en ressortent n'intéressent pas seulement SIDA mais l'ensemble de la communauté des donneurs. Il s'en dégage les principaux enseignements suivants :

- Le principe qui sous-tend les fonds d'encouragement est de mettre à profit un concours ouvert à tous pour susciter des solutions innovantes et rentables aux défis qui se posent dans le domaine du développement pour lesquels nous n'avons pas de réponse, ainsi que de mobiliser des capitaux privés pour venir compléter les subventions – l'innovation est un élément central de ces fonds, qui peuvent servir à investir dans des solutions déjà existantes, importées ou ajustées et ayant besoin d'être renforcées.

- L'efficacité d'une innovation doit se vérifier par son caractère manifestement plus rentable que la pratique courante dans un domaine donné, plutôt que par la simple « nouveauté » de l'idée – l'accent mis sur l'efficacité signifie que les fonds d'encouragement peuvent s'avérer utiles pour rassembler plusieurs organisations travaillant sur une même question ou un même problème en vue de l'obtention d'un résultat mesurable.

- Pour les fonds axés sur l'innovation, il importe de préciser le stade de l'innovation à soutenir, ce qui peut être réalisé de manière réaliste pendant la durée du programme, le type d'assistance technique nécessaire pour aider les innovateurs pendant la mise en œuvre du programme et le type de mécanismes de soutien additionnels qui peuvent être nécessaires pour appuyer la poursuite du développement en vue d'un impact à plus grande échelle – il peut également être nécessaire de préciser si le fonds d'encouragement peut produire l'impact souhaité en matière de développement en tant que programme indépendant ou s'il doit être considéré comme une composante d'un programme à la portée plus vaste.

- Les fonds d'encouragement utilisent une série de particularités techniques et d'interventions directes pour garantir que les projets financés ont un impact et durent plus longtemps que le fonds lui-même. Toutes ces interventions ont un coût et impliquent des compromis, car les gestionnaires des fonds doivent consacrer du temps et des ressources (directement ou en sous-traitant à des experts) à des activités spécifiques.

- Les fonds d'encouragement sont utiles pour rassembler des éléments de preuve de ce qui « fonctionne » concernant les solutions innovantes aux défis du développement, mais ils sont

---

moins efficaces pour ce qui est d'utiliser ces connaissances de manière productive. Il existe un déséquilibre notable entre les efforts consacrés au lancement et à l'expérimentation de nouveaux produits, procédés et services, et le peu d'attention accordé à la diffusion et à l'adoption de ces innovations.

- Bien que les fonds d'encouragement se concentrent davantage sur une promotion active de la durabilité, à de très rares exceptions près, ils n'utilisent pas les études longitudinales réalisées quelque trois à cinq ans après la fin du financement du projet pour suivre les résultats et l'impact de leurs activités ; l'absence d'études de suivi à long terme rend difficile la réalisation d'une analyse coûts-avantages formelle de l'efficacité des différentes activités visant à favoriser la durabilité.

- Il existe des raisons structurelles qui expliquent pourquoi les donneurs et les gestionnaires des fonds privilégient les aspects des fonds d'encouragement portant sur la conception et la mise en œuvre au détriment du suivi à long terme et de la diffusion d'idées ; en particulier, le financement versé par les donneurs a tendance à être de court terme et limité à la durée de programmes spécifiques.

Source : IPE Triple Line (2018[3]), *Evaluation of Sida's Global Challenge Funds: Lessons from a Decade Long Journey*, www.sida.se/contentassets/eb4c7e1c459a4ccbb8c3e6dbd1843219/2018_1_evaluation_of_sidas_global_challenge_funds.pdf.

L'enquête auprès des membres du CAD a signalé la nécessité de disposer de données probantes pour les efforts d'innovation. Il n'existe pas encore de culture de l'innovation basée sur des données probantes, car l'évaluation et les éléments factuels font souvent défaut. Les divers stades du processus d'innovation exigent des méthodes de recherche différentes : les premiers stades concernent habituellement la validation de principe ; les stades ultérieurs nécessitent des évaluations objectives des données recueillies et de l'impact. En général, le travail effectué concernant les évaluations préalables au lancement de nouveaux projets pilotes est plus important que celui consacré aux efforts consentis ultérieurement pour évaluer les coûts et les avantages et justifier la poursuite de l'expérimentation et la diffusion.

Une initiative de collaboration intéressante, en cours au moment de la rédaction du présent document, est le marqueur de la politique d'aide concernant l'innovation au service du développement, élaboré par le CAD, qui est actuellement expérimenté par les membres du Comité. Il s'agit de mettre au point et de tester une méthode systématique de suivi de l'innovation, comme l'a proposé le Canada au Groupe de travail du CAD sur les statistiques du financement du développement en juin 2018. L'expérience pilote, qui s'est déroulée tout au long de l'année 2019, a permis de tester l'utilisation d'un marqueur innovation dans le Système de notification des pays créanciers de l'OCDE, permettant aux membres du CAD et aux parties prenantes internationales de mettre en évidence et de suivre de manière systématique les éléments innovants de nouveaux projets.

L'objectif de cette expérience pilote était double :

1. vérifier la faisabilité de la mise en évidence et du suivi des projets incluant des éléments innovants
2. nuancer le caractère innovant des projets en fonction de la méthodologie proposée pour le marqueur.

L'Australie, la Belgique, la France et la Slovénie expérimentent elles aussi la faisabilité et la méthodologie de ce marqueur. L'Allemagne, les États-Unis, l'Irlande, le Royaume-Uni et la Suède suivent de près son évolution et participent à titre consultatif. Le principal objectif est de collecter et de produire des données et des enseignements, et de diffuser des connaissances, y compris celles tirées d'innovations prometteuses susceptibles d'être mises en œuvre à plus grande échelle afin d'avoir un impact plus marqué sur la réduction de la pauvreté.

Principales questions à examiner

Comme indiqué plus haut, les donneurs se heurtent à des difficultés lorsqu'il s'agit de dépasser le stade de projets pilotes menés au niveau local et des initiatives qui regroupent de tels projets. La « pilotite » n'est pas bénigne : gaspillage, inefficacité et confusion dans tout le secteur sont quelques-unes de ses répercussions, mais aussi l'affaire tristement célèbre concernant les innovations en matière de santé mobile en Ouganda, dans le cadre de laquelle le gouvernement a instauré un moratoire interdisant toutes les nouvelles initiatives basées sur la téléphonie mobile. Cependant, il n'est pas toujours aisé de passer à des investissements à moyenne et grande échelle en matière d'innovation, et ce pour plusieurs raisons :

- Les coûts de transaction et de personnel à moyenne et grande échelle sont relativement élevés : ces initiatives peuvent nécessiter des investissements monétaires limités mais exiger beaucoup de temps de travail de la part du personnel ; elles cadrent donc mal avec les exigences actuelles en termes de rapidité de décaissement.

- Les compétences et les capacités sont différentes de celles nécessaires pour les expérimentations initiales : en plus des compétences techniques, il faut disposer de compétences politiques et de plaidoyer plus importantes, et il n'est pas toujours facile d'introduire simplement ces compétences dans un projet d'innovation qui est déjà en cours.

- Les ressources : de nombreux fonds existants sont en concurrence pour soutenir les premiers stades des innovations, ce qui conduit à un désert notoire en ce qui concerne le financement des stades ultérieurs.

- Le manque de données probantes : de nombreux projets pilotes ne mettent pas suffisamment l'accent sur un apprentissage rigoureux, si bien qu'ils ne sont pas en mesure de défendre une demande d'augmentation des ressources.

- Les obstacles institutionnels : c'est lorsqu'une innovation prometteuse semble offrir de nouvelles possibilités que les minorités créatives doivent faire face aux groupes d'intérêts qui ont davantage à gagner du *statu quo* que d'approches novatrices.

Même chez les membres du CAD ayant une culture de la preuve relativement forte, le rôle du suivi, de l'évaluation et de l'apprentissage dans l'innovation est faible tant au niveau des projets que des portefeuilles. En général, les efforts d'innovation sont soutenus par des récits favorables et par une utilisation sélective des statistiques plutôt que par une analyse systématique. Certains programmes d'innovation utilisent des notions tirées de théories du changement et de théories de l'action pour établir des postulats, des hypothèses, des mesures comparatives des réussites et des échecs, ainsi que des idées de stratégies pour la mise à l'échelle. Mais ces programmes ont tendance à être l'exception et non la règle.

Comment les innovations sont-elles diffusées, adoptées et déployées à l'échelle ?

Cette partie du processus d'innovation voit les solutions se répandre largement grâce à divers mécanismes, dont la diffusion en *open source*, la réplication, l'incorporation dans les structures publiques et la commercialisation. Les capacités effectives en matière de diffusion, d'adoption et de déploiement à l'échelle comprennent des ressources et processus spécifiques visant à démontrer la valeur ajoutée et à disposer d'arguments en faveur de la diffusion et de l'adoption ; des investissements pertinents dans les compétences et les infrastructures permettant de soutenir les processus de déploiement à l'échelle ; et la création de l'espace et des possibilités nécessaires à la « destruction créatrice » des pratiques existantes et établies, ainsi que l'introduction de changements systémiques dans l'organisation et son écosystème au sens large.

Situation actuelle

Le cadre le plus répandu pour la diffusion des innovations, élaboré par l'universitaire Everett Rogers, s'est fondé sur de nombreuses études et recherches menées dans les pays en développement dans les années 50 et 60, y compris sur ses propres travaux portant sur les services de vulgarisation agricole dans les zones rurales. En partie au moins, cela tient au fait que « la technologie était supposée être au cœur du développement » (Rogers, 2005[4]). Mais la manière exacte dont la diffusion à l'échelle supérieure est réalisée reste plus ou moins une énigme dans de nombreux contextes de développement et d'action humanitaire.

Lorsque des innovations ont été déployées à l'échelle dans le secteur, notamment parmi les pays ayant fait l'objet des études de cas, cela peut être attribué à un processus d'apprentissage itératif et adaptatif dans trois domaines interdépendants : 1) les solutions techniques ; 2) les modèles organisationnels et commerciaux ; 3) les institutions, les normes et les politiques. Toutes les innovations les plus réussies en matière de développement et d'action humanitaire relevées dans le cadre de l'exercice d'apprentissage entre pairs du CAD impliquaient des efforts concertés dans ces trois domaines.

Par ailleurs, les travaux de Geoff Mulgan, ancien directeur général de la fondation britannique Nesta, définissent cinq voies distinctes permettant le déploiement à l'échelle, comme le montre le Tableau 4.1. Les enseignements tirés par les membres du CAD indiquent que la transposition à une échelle supérieure d'une innovation dans le domaine du développement ou de l'action humanitaire en vue d'obtenir un impact implique souvent une combinaison des stratégies énumérées ci-dessous, appliquées de manière réfléchie et continue dans les trois domaines pendant une période prolongée de manière à créer une dynamique, à obtenir des soutiens et à parvenir à une adoption généralisée.

Tableau 4.1. Stratégies pour développer et reproduire des innovations

Stratégies pour développer et reproduire des innovations	
Plaidoyer	Diffusion par le plaidoyer, la persuasion et la perception d'une tendance ; p. ex. la réponse des organismes environnementaux à but non lucratif à la pollution due aux pluies acides aux États-Unis.
Réseaux	Développement grâce aux réseaux professionnels et autres, avec l'aide de certaines évaluations ; p. ex. le programme en 12 étapes des Alcooliques anonymes.
Programmes	Réplication dans le cadre de programmes et de partenariats, incluant parfois paiement, propriété intellectuelle, assistance technique et activités de conseil ; p. ex. réplication de la Grameen Bank à l'intérieur du Bangladesh, puis dans le monde entier.
Contrôle direct	Croissance interne d'une organisation, incluant quelquefois des prises de contrôle, parfois avec une structure de gouvernance fédérée ; p. ex., Amnesty International ou Greenpeace.

Source : Mulgan, G. et al. (2007[5]), *Social Innovation: What It Is, Why It Matters and How It Can Be Accelerated*, https://youngfoundation.org/wp-content/uploads/2012/10/Social-Innovation-what-it-is-why-it-matters-how-it-can-be-accelerated-March-2007.pdf.

Trois des pays étudiés – l'Australie, le Royaume-Uni et la Suède – ont joué un rôle actif en tant que membres du réseau de l'International Development Innovation Alliance (IDIA) pour créer un groupe de travail sur la mise à échelle des innovations.

Les travaux de ce groupe sont organisés en trois domaines distincts, mais néanmoins complémentaires et interdépendants :

* Premièrement, la division du processus de déploiement à l'échelle en six étapes qui se chevauchent, dans le cadre d'un continuum allant de la naissance d'une idée à un déploiement durable à l'échelle.

* Deuxièmement, huit bonnes pratiques ont été dégagées de ces étapes pour aider les bailleurs de fonds finançant des innovations en matière de développement à accroître l'impact de leur soutien (Graphique 4.1).

- Troisièmement, un tableau a été créé pour présenter les facteurs d'influence qui accéléreront ou freineront le processus de déploiement. Il comporte des indications sur la manière dont les bailleurs de fonds peuvent utiliser ces facteurs pour réaliser une évaluation préalable – et continuer d'assurer un suivi – concernant l'évolutivité d'une innovation dans le temps.

Graphique 4.1. Les bonnes pratiques de l'IDIA à l'intention des bailleurs de fonds qui soutiennent le déploiement à l'échelle

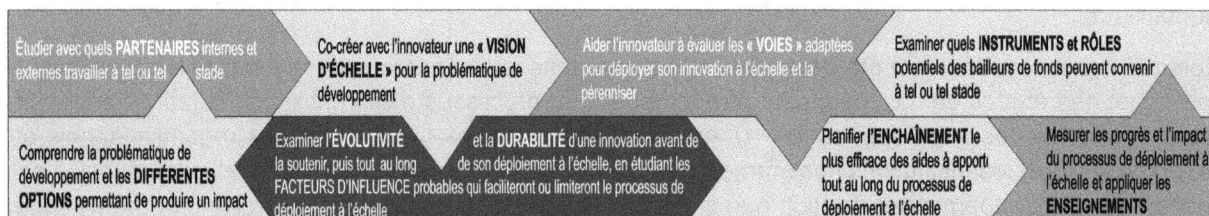

Source : IDIA (2017[6]), *Insights on Scaling Innovation*, https://static1.squarespace.com/static/5b156e3bf2e6b10bb0788609/t/5b1717eb8a922da5042cd0bc/1528240110897/Insights+on+Scaling+Innovation.pdf.

Un enseignement est crucial pour le travail de déploiement à l'échelle : l'adoption généralisée d'une innovation à l'échelle souhaitée ou en croissance exponentielle est déterminée et influencée par l'ensemble de l'écosystème des acteurs. Les études de cas montrent des exemples de donneurs qui étudient les écosystèmes d'innovation et y investissent activement à différents niveaux. Par exemple :

- au niveau mondial : investissements des gouvernements suédois et britannique dans la Global Alliance for Humanitarian Innovation (désormais fermée) ; pôles nationaux d'innovation tels que le Global Disability and Innovation Hub au Royaume-Uni (Pôle mondial Handicap et Innovation) ou d'autres situés en Norvège et aux Pays-Bas, entre autres
- au niveau national : écosystèmes d'innovation dans les pays en développement
- au niveau régional/local : écosystèmes d'innovation dans des villes ou des régions particulières.

Il s'agit généralement de domaines dans lesquels il existe un produit spécifique (par exemple vaccins contre le choléra, contraceptifs féminins, semences enrichies en vitamines). Cependant, les écosystèmes sont aussi essentiels dans des domaines où les produits n'ont pas encore fait leur apparition (par exemple traitements contre le virus Ebola) ou dans des domaines technologiques spécifiques, notamment le numérique.

Plusieurs des membres du CAD sont également membres du « Million Lives Club », initiative qui met en avant et répertorie les innovateurs dont les initiatives ont atteint au moins un million d'utilisateurs finals, et qui tire des enseignements de ces initiatives. Il doit jouer le rôle d'un « S&P 500 » pour l'impact social, aidant à promouvoir les efforts efficaces de déploiement à l'échelle et à mettre plus facilement en relation les innovateurs et d'éventuels partenaires pour le déploiement, tels que les autorités locales ou les investisseurs sociaux.

Principales questions à examiner

L'ensemble des membres du CAD devraient consacrer davantage d'efforts à réfléchir au cycle complet du processus d'innovation et aux résultats à en attendre. Il faudrait établir un continuum entre le stade des études pilotes et la phase de déploiement à l'échelle, et réfléchir et apprendre activement des trajectoires d'innovation lors de leur déploiement, en étudiant les facteurs et les acteurs qui les favorisent ou au contraire les entravent.

Si les membres du CAD ont une connaissance tacite des multiples moyens permettant de déployer les innovations à l'échelle, le propos se concentre néanmoins sur la mobilisation du secteur privé. Or, il existe en réalité de nombreuses théories en matière d'échelle, et celle-ci n'en est qu'un exemple. Il est essentiel que ces efforts de déploiement à l'échelle n'en privilégient pas une en tant qu'approche dominante. Cela nuirait aux efforts individuels d'innovation et conduirait à sous-évaluer les immenses capacités d'innovation que recèlent le secteur public et les secteurs à but non lucratif.

Pour l'heure, les membres du CAD ne bénéficient pas d'une coordination interne ou externe suffisante en ce qui concerne les efforts d'innovation. Il n'est pas accordé suffisamment d'attention à la façon dont les mécanismes internes peuvent permettre d'assurer la mise à l'essai et le déploiement à l'échelle des innovations efficaces, et, surtout, d'établir un lien clair entre le financement des innovations à une extrémité de la chaîne et le fait d'être prêt à utiliser du pouvoir d'achat pour des innovations éprouvées à l'autre extrémité.

Si les membres du CAD peuvent souvent se prévaloir d'innovations efficaces, ces succès ne conduisent pas toujours à tirer de façon plus systématique des enseignements des trajectoires d'innovation. La compréhension qu'ont les membres du personnel de la façon dont une innovation spécifique a évolué d'une idée à un déploiement à l'échelle est souvent très simpliste et n'aide pas les autres à saisir les particularités du contexte ou à reconnaître les instruments qui permettent une application efficace et pratique des approches nouvelles et créatives. Pour réunir des données probantes sur les moyens de transposer des initiatives à l'échelle supérieure, il serait bon d'examiner dûment les résultats déjà obtenus dans le cadre des expériences passées.

Les membres du CAD financent souvent toutes les composantes d'un écosystème d'innovation – recherche, enseignement, compétences, bourses d'études, programmes, partenariats, réseaux – mais ne cherchent pas activement à optimiser ces différents investissements dans le cadre d'une approche unifiée de l'innovation. De tels investissements dans des écosystèmes propices à une innovation qui permette l'anticipation et à visée transformatrice pourraient être une démarche utilement suivie par les donneurs, de façon à mettre en commun les fonds et à réduire les risques.

Références

Chamberlain, S. (2012), *Pilot-itis: What's the Cure?*, BBC, http://www.bbc.co.uk/blogs/bbcmediaaction/entries/e00fc35a-0c0f-3e35-8280-38d048c34487 (consulté le 1 janvier 2020). [2]

Global Emergency Group et al. (2017), *Global Prioritisation Exercise for Research and Innovation in the Humanitarian System: Phase One Mapping*, Elrha, Cardiff, http://www.elrha.org/researchdatabase/global-prioritisation-exercise-research-innovation-humanitarian-system-phase-one-mapping/ (consulté le 1 janvier 2020). [1]

IDIA (2017), *Insights on Scaling Innovation*, International Development Innovation Alliance, https://static1.squarespace.com/static/5b156e3bf2e6b10bb0788609/t/5b1717eb8a922da5042cd0bc/1528240110897/Insights+on+Scaling+Innovation.pdf (consulté le 1 janvier 2020). [6]

IPE Triple Line (2018), *Evaluation of Sida's Global Challenge Funds: Lessons from a Decade Long Journey*, Agence suédoise de coopération internationale au développement, Stockholm, https://www.sida.se/contentassets/eb4c7e1c459a4ccbb8c3e6dbd1843219/2018_1_evaluation_of_sidas_global_challenge_funds.pdf (consulté le 1 janvier 2020). [3]

Mulgan, G. et al. (2007), *Social Innovation: What It Is, Why It Matters and How It Can Be Accelerated*, The Young Foundation, https://youngfoundation.org/wp-content/uploads/2012/10/Social-Innovation-what-it-is-why-it-matters-how-it-can-be-accelerated-March-2007.pdf (consulté le 1 janvier 2020).   [5]

Rogers, E. (2005), *Diffusion of Innovations*, Free Press.   [4]

5 Prochaines étapes pour les membres du Comité d'aide au développement

Bien que la communauté du développement affiche un solide bilan en matière de partenariats, de technologies et d'instruments de financement innovants, ceux-ci ne suffisent pas pour réaliser les Objectifs de développement durable. Le présent chapitre, construit autour des éléments constitutifs des capacités d'innovation, formule à l'intention des membres du CAD, à titre individuel et collectif, des recommandations sur la façon dont l'innovation peut servir au mieux les intérêts des populations pauvres et vulnérables à travers le monde.

Comme évoqué dans l'introduction, l'innovation gagne en importance dans les domaines de l'action humanitaire et du développement. De nombreuses innovations ont déjà eu des effets transformateurs sur les vies des populations pauvres et vulnérables de par le monde. L'exercice d'apprentissage au contact des pairs a recensé des activités prometteuses en cours dans les pays ayant fait l'objet d'une étude de cas et dans l'ensemble des membres du Comité d'aide au développement (CAD) de l'OCDE.

Les travaux d'innovation menés et financés par les donneurs du CAD, lorsqu'ils sont performants, allient de nouvelles technologies et des progrès techniques à des approches organisationnelles et des modèles d'activité novateurs, et à des mesures visant à réformer et transformer les institutions, les normes et les contextes politiques. C'est précisément dans le cadre d'efforts systémiques de cette nature que sont apparues et se sont développées des innovations performantes, comme les nouveaux traitements médicaux, les services financiers mobiles, et les approches novatrices en matière de nutrition et de résilience. Lorsqu'elle est mal conduite – à savoir lorsqu'elle privilégie ouvertement la technologie, sans prêter suffisamment attention aux contextes organisationnels et institutionnels –, l'innovation n'est pas seulement inefficace, mais peut être nocive.

L'exercice d'apprentissage au contact des pairs montre clairement que l'innovation au service du développement revêt un intérêt croissant pour les membres du CAD, tant au niveau individuel que collectif. Néanmoins, pour réaliser pleinement les ambitions plus générales du programme d'action en faveur de l'innovation, ceux-ci doivent s'appuyer sur les travaux probants déjà en cours pour encourager, stimuler et administrer avec dynamisme et durablement les activités d'innovation. Cela suppose de soutenir l'innovation non pas en tant que résultat espéré ou en tant que nouvelle branche d'activité, mais en tant que capacité stratégique intersectorielle déterminante, et de mobiliser résolument et systématiquement cette capacité pour atteindre les objectifs humanitaires et de développement les plus pressants et les plus complexes.

Dans ce contexte, l'innovation collective des membres du CAD présente un certain nombre de points forts :

- De nombreux efforts à visée transformatrice à l'appui du développement et de l'action humanitaire s'inspirent déjà d'une réflexion sur l'innovation et des approches qui y sont associées – allant de l'argent liquide dans les contextes humanitaires et de la microfinance jusqu'à la recherche de nouveaux vaccins.

- Pour les membres les plus avancés dans ce domaine, les efforts d'innovation deviennent plus structurés, systématiques et orientés sur les objectifs, en particulier à l'échelle des projets et des programmes.

- Dans tous les pays examinés, et dans d'autres, différentes équipes se sentent en capacité d'adopter de nouvelles approches, pratiques et idées, et la terminologie et les concepts de l'innovation sont aujourd'hui plus largement utilisés.

- De nombreux efforts sont engagés en vue de renforcer l'innovation au service du développement en tant que bien public mondial, et le réseau de l'International Development Innovation Alliance (IDIA) réunit un grand nombre des principaux acteurs de la sphère de l'aide aux fins de la constitution de réseaux et d'apprentissage collectif.

De nombreuses améliorations sont par ailleurs possibles :

- Il faut définir plus clairement les objectifs et les ambitions assignés à l'innovation au service du développement tant au niveau institutionnel qu'au niveau sectoriel : quel est le but de l'innovation, comment fonctionnera-t-elle et pourquoi a-t-elle de l'importance ?

- Il convient de remédier aux lacunes – en termes de stratégie, de gouvernance, de gestion, de coordination et de processus – afin de renforcer la cohérence interne, la longévité des institutions l'apprentissage collectif, ainsi que les externalités et la durabilité du programme d'action en faveur de l'innovation.

- Un renforcement des dispositifs organisationnels est nécessaire – de façon à améliorer la communication, les conditions et les accords entre les différents services et équipes internes favorables à des transformations institutionnelles de nature similaire.

- Des efforts plus résolus sont nécessaires dans les domaines de la collecte de données probantes et de l'apprentissage, de la gestion des risques, des enseignements à dégager et de la gestion des portefeuilles, ou du déploiement à l'échelle – efforts qui, pour certains, sont déjà engagés.

- L'absence d'un engagement durable et véritable aux côtés des pays en développement est un problème généralisé, qui doit être traité directement et collectivement pour que les efforts d'innovation soient plus pertinents et mieux adaptés, et qu'ils s'appuient sur les meilleures idées proposées partout dans le monde.

Les recommandations ci-dessous offrent aux membres du CAD un moyen de tirer parti de leurs points forts et d'exploiter ces possibilités. Structurées suivant le cadre d'analyse des capacités d'innovation (Graphique 1.2) et des phases de développement stratégique (Tableau 2.1), elles visent à renforcer le programme d'action en faveur de l'innovation au service du développement des membres du CAD, sur le plan individuel aussi bien que collectif, sous la forme d'un programme susceptible d'être ultérieurement intégré à un axe de travail sur l'innovation.

Tableau 5.1. À quelle phase de l'innovation êtes-vous parvenu ?

A : Je suis un nouvel expérimentateur – Vous êtes un membre du CAD dont les activités d'innovation sont relativement récentes et conduites à petite échelle, dans le cadre d'un programme ou d'un projet donné, comme la santé ou la création d'emplois. L'innovation ne relève pas encore de la responsabilité d'un membre du personnel dédié, mais pourrait s'inscrire dans une fonction spécifique.

B : Je suis un développeur dynamique – Vous êtes un membre du CAD qui a investi dans plusieurs programmes d'innovation et effectué ses premiers investissements dans la capacité d'innovation. Vous avez désigné des personnes chargées de conseiller et d'appuyer l'apprentissage et la création de réseaux, mais vous êtes à un stade relativement liminaire de la mise en œuvre et du déploiement au niveau institutionnel.

C : Je suis un intégrateur établi – Vous êtes un membre du CAD qui dispose d'une équipe spécialisée officielle et d'une capacité d'innovation, ainsi que d'un cadre stratégique ou d'action, et d'un portefeuille d'investissements dans différents domaines.

D : Je suis un apprenant collaborateur – Vous correspondez à l'une des catégories ci-dessus et vous êtes particulièrement désireux d'exploiter les avantages potentiels d'une approche ouverte à l'innovation, en coopération avec les membres du CAD et avec le Secrétariat de l'OCDE, dans le prolongement de l'exercice d'apprentissage au contact des pairs.

A : Je travaille pour un nouvel expérimentateur. Quelles mesures dois-je envisager ?

Stratégie, gestion et culture

1. Recenser les travaux d'innovation en cours dans l'ensemble du portefeuille actuel de l'organisation, y compris dans les domaines thématiques ou géographiques, et évaluer les capacités au moyen de l'instrument d'auto-évaluation de l'OCDE.

2. Évaluer à la fois les besoins en matière d'innovation chez les partenaires et les utilisateurs finaux (externes) et les domaines présentant un potentiel technique (en interne), et définir un ensemble de priorités initiales en fonction des résultats.

3. Examiner les possibilités de concrétiser ces priorités en appuyant des activités d'innovation indépendantes et intégrées à l'ensemble du portefeuille existant, ainsi que d'éventuels partenariats entre membres du CAD.

Organisation et collaboration à l'appui de l'innovation

4. Identifier un réseau de hauts responsables et d'agents intéressés, et organiser une réunion portant sur la stratégie d'innovation pour favoriser les échanges sur les résultats des étapes ci-dessus ; définir les prochaines étapes et élaborer pour les travaux futurs une feuille de route précisant les fonctions et responsabilités.

5. Recenser au sein du CAD et de l'ISA des partenaires et des guides en matière d'apprentissage susceptibles de contribuer ou de participer aux prochaines étapes définies comme prioritaires.

Le processus d'innovation

6. Expérimenter les processus de gestion de l'innovation de bout en bout fondés la preuve dans les domaines d'activité prioritaires.

7. Veiller à ce que les utilisateurs finaux et les acteurs des pays en développement soient intégrés par défaut aux processus d'innovation.

B et C : Je travaille pour un développeur dynamique ou un intégrateur établi. Quelles mesures dois-je envisager ?

Stratégie, gestion et culture

1. Définir une vision et une stratégie communes plus claires en matière d'innovation, en précisant en quoi celle-ci consiste, qui en est responsable, et comment elle est conduite, et en prêtant une attention particulière au rôle des acteurs des pays en développement et des utilisateurs finaux.

2. Mettre en place des incitations claires et définir quels sont les moteurs de l'innovation : présenter explicitement les critères et les exigences dans ce domaine, et les possibilités pour les membres du personnel et les équipes d'accéder à ces informations quels que soient leur niveau, leurs fonctions et leur localisation.

3. Favoriser l'intégration des diverses activités d'innovation, en tirant davantage d'enseignements de l'expérience des différents secteurs.

4. Faire de l'innovation la cible de campagnes explicites de changement organisationnel : examiner tous les processus stratégiques pour définir en quoi ils favorisent ou freinent l'innovation et les modifier en conséquence, et coordonner les efforts des différentes équipes spécialisées et d'autres agents internes du changement.

5. Créer et soutenir des réseaux de champions internes de l'innovation – au niveau des instances dirigeantes et à celui des pays, au sein des groupes techniques ou de pays, et parmi le personnel auxiliaire et opérationnel.

Organisation et collaboration à l'appui de l'innovation

6. Faire délibérément appel à une approche de portefeuille d'innovation pour dégager des enseignements, partager les expériences et suivre les progrès.

7. Améliorer la gouvernance de l'innovation au niveau des instances dirigeantes, afin d'assurer une supervision et une analyse de haut niveau sur l'ensemble du portefeuille d'activités d'innovation – indiquer clairement à l'organisation le degré d'ambition et d'appétence pour le risque.

8. Élaborer des argumentaires plus cohérents et plus courageux sur les risques liés à l'innovation et leur acceptabilité, et sur les différentes catégories de risques qui peuvent être peuvent ou relevés, ou tolérés, ou atténués dans le cadre des processus d'innovation.

9. Prendre en considération le rôle des partenaires en place dans l'élaboration et le déploiement de nouvelles idées et approches.

10. S'employer activement à mobiliser des intervenants dans les pays en développement et venant de ces pays pendant tout le cycle de vie des processus et programmes d'innovation.

Le processus d'innovation

11. Investir dans les compétences d'innovation pour les membres du personnel, anciens et nouveaux, à différents niveaux : privilégier les compétences en matière de gestion de l'innovation pour l'ensemble du personnel, et les compétences de conseil technique pour le personnel spécialisé dans l'innovation.

12. Donner plus de force à la réflexion, à la collecte de données probantes, à la documentation, aux données et à la communication et les rendre plus systématiques dans les différents processus d'innovation, au sein de programmes particuliers et dans l'ensemble des portefeuilles d'activités d'innovation, et faire de l'inclusion des utilisateurs finals et des acteurs locaux un critère essentiel d'évaluation.

13. Créer des processus et des mécanismes plus solides pour intégrer les résultats des activités d'innovation fructueuses aux programmes courants.

14. Investir dans des processus de co-création en relation avec des problèmes complexes et insolubles ; notamment, faire une plus grande place aux activités d'élaboration de programmes d'innovation dans les pays de manière à intégrer les innovations et les innovateurs prometteurs des pays en développement.

D : Je souhaite collaborer davantage avec les membres du CAD et le Secrétariat de l'OCDE. Quelles mesures dois-je envisager ?

Les propositions qui suivent se fondent sur le postulat selon lequel les membres du CAD et le Secrétariat de l'OCDE travailleront en étroite collaboration et en partenariat avec les réseaux d'innovation interorganisations en place, dont l'IDIA.

Stratégie, gestion et culture

1. Œuvrer à la mise en place d'un groupe de leaders champions de l'innovation au service du développement, réunissant les dirigeants des membres du CAD pour prôner le développement et l'amélioration des processus d'innovation et des résultats dans ce domaine.

2. Mettre en place un « pôle » ou une plateforme pour mettre en commun, coordonner et faire vivre les activités à l'appui de l'innovation au niveau stratégique dans l'ensemble du secteur du développement, en prêtant une attention particulière au déficit d'innovation auquel les Objectifs de développement durable (ODD) et les ressources humaines sont confrontés, à l'innovation anticipative et transformatrice, aux travaux menés dans le domaine de la recherche au service de l'innovation, et aux mesures de renforcement des capacités interorganisationnelles.

3. Développer un discours/une déclaration communs à l'échelle mondiale sur le rôle de l'innovation dans la sphère du développement et de l'aide humanitaire : en quoi elle consiste, les raisons pour lesquelles elle est importante, et les meilleurs moyens de la favoriser et de la soutenir.

Organisation et collaboration à l'appui de l'innovation.

4. Examiner la possibilité de mettre en place des approches collectives pour suivre les travaux d'innovation et en dégager des enseignements, dans le prolongement des travaux actuels du CAD

sur un marqueur de l'innovation et des nouvelles activités en matière d'apprentissage à l'échelle du portefeuille.

5. Amener les acteurs des pays en développement – des autorités nationales au secteur privé, à la société civile et aux communautés pauvres – à jouer un rôle plus central dans l'écosystème de l'innovation au service du développement ; s'employer à combler activement l'écart entre les activités d'innovation des pays développés et des pays en développement.

6. Œuvrer, en collaboration étroite et dans le cadre de partenariats rapprochés, avec les principaux acteurs de l'innovation, tant sur le plan externe qu'interne, notamment l'IDIA, le Global Innovation Exchange, l'Observatoire de l'OCDE sur l'innovation dans le secteur public, et la Direction de la science, de la technologie et de l'innovation de l'OCDE, de manière à concrétiser les avantages de l'action collective et à éviter les travaux redondants.

Le processus d'innovation

7. Faciliter les efforts des membres du CAD en vue d'engager et d'accélérer les travaux communs sur les défis du développement qui requièrent un modèle d'innovation radicalement nouveau, anticipatif et porteur de changement.

8. Investir dans le renforcement du suivi, de l'évaluation et de l'apprentissage au service des activités d'innovation, en collaboration avec le Réseau du CAD sur l'évaluation du développement et la communauté des spécialistes des résultats du CAD-OCDE, et dans le cadre du processus d'examen entre pairs du CAD.

Annexe A. Projet d'outil d'auto-évaluation des capacités d'innovation, élaboré par le CAD-OCDE

L'innovation au service du développement recouvre de multiples dimensions que les membres du Comité d'aide au développement (CAD) doivent cerner et examiner.

Graphique A.1. Cadre des capacités d'innovation : Les éléments constitutifs de l'innovation dans la sphère du développement et de l'action humanitaire

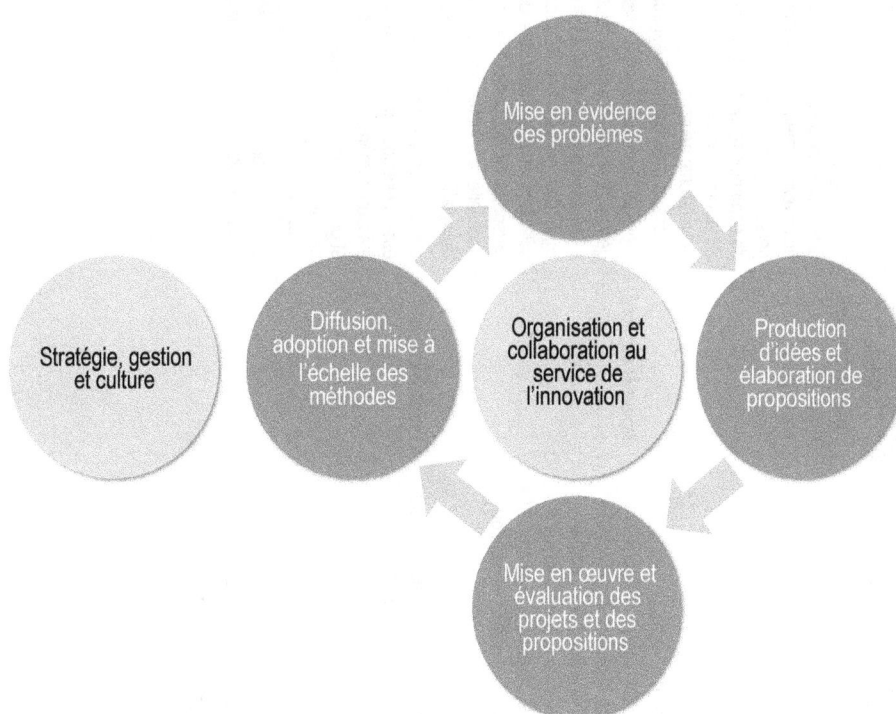

L'évolution de chacune de ces capacités est divisée en trois grandes phases afin de faciliter la réflexion et l'auto-évaluation.

- Premières applications : connaissance générale de ce que recouvre une capacité d'innovation donnée, et de son utilisation dans un contexte de développement et d'action humanitaire.
- Nouvelle capacité : compétence mise en œuvre de manière occasionnelle ou peu intense, de sorte que le personnel puisse l'expérimenter de façon sûre et maîtrisée.
- Pratique établie : compétence mise en œuvre de façon systématique dans un certain nombre de domaines, et intégrée au processus normal.

Tableau A.1. L'outil d'auto-évaluation des capacités d'innovation

Capacité d'innovation	Pratiques organisationnelles	Questions clés	Stade d'avancement	Descriptif
Stratégie, gestion et culture	Stratégie, direction et management	Existe-t-il une stratégie d'innovation ? Comment s'articule-t-elle avec la stratégie institutionnelle générale ? Comment les objectifs en matière d'innovation s'articulent-ils avec les ambitions sur le plan du développement ?	Premières applications	Des discussions sont en cours au sujet de l'élaboration d'une stratégie de l'innovation au service du développement. L'innovation est considérée comme relevant des attributions d'une ou plusieurs personne(s) en particulier, soit au sein d'équipes qui en sont spécifiquement chargées, soit au sein de domaines techniques précis (ex. : la santé). Certains managers laissent au personnel le temps d'innover, mais il n'y a pas toujours de soutien constant de la part de la hiérarchie. Les discours de la hiérarchie ne sont pas systématiquement suivi d'actes. Les processus organisationnels peuvent favoriser, mais parfois aussi entraver, les efforts d'innovation.
		Les objectifs en matière d'innovation laissent-ils de la place à la créativité et à des approches adaptées au contexte ? Quel est le rôle de l'équipe dirigeante et des managers pour ce qui est de piloter et de stimuler l'innovation au sein du ministère/de l'agence de développement ?	Nouvelle capacité	Il existe une stratégie d'innovation, mais elle n'est pas toujours dûment rattachée aux objectifs généraux en matière de développement ni à ceux du ministère/de l'agence de développement. On s'intéresse à l'innovation, et aux meilleurs moyens de la stimuler et de la favoriser, en première ligne des activités de développement et humanitaires. L'équipe dirigeante et les managers sollicitent et présentent des démarches d'innovation et se montrent reconnaissants envers le personnel et les partenaires qui les appliquent. On accorde de plus en plus d'importance à la nécessité d'adapter les processus et procédures de l'organisation de façon à encourager l'innovation, et des réformes sont en cours.
		Qui est responsable de l'innovation au sein du ministère/de l'agence de développement ? Prend-on explicitement en compte le fait que des modalités, procédures et processus en place peuvent constituer des freins à l'innovation, et des efforts sont-ils déployés pour corriger ou atténuer ces problèmes ?	Pratique établie	L'innovation a toute sa place dans la stratégie institutionnelle générale et est considérée comme essentielle pour atteindre les objectifs de court et de long termes en matière de développement et d'action humanitaire. L'équipe dirigeante et les managers ont conscience du lien entre innovation et efficacité du développement, et s'attachent à le renforcer. Les managers utilisent régulièrement les outils et techniques adaptés, et font figure d'exemple en matière d'innovation. Les membres de la direction sont davantage enclins à tirer des enseignements des échecs qu'à les sanctionner. Les processus organisationnels reflètent les besoins du programme d'innovation et les principaux obstacles ont été pris en compte de manière systématique.

		Description	Questions
Culture, capacité et état d'esprit	Premières applications	On commence à prendre conscience de la nécessité d'adopter de nouvelles méthodes pour s'atteler aux objectifs en matière de développement et d'action humanitaire. S'agissant de la prise de risque, on adopte une stratégie au coup par coup, en fonction des équipes et des services. Dans les fiches de poste et les évaluations, l'innovation et la créativité sont mentionnées parmi les aptitudes importantes. Les partenaires sont évalués sur la base de leur aptitude à innover. L'apprentissage du personnel en matière d'innovation est informel et principalement mû par la motivation personnelle.	Comment le ministère/l'agence de développement gère-t-il/elle la prise de risque en matière d'innovation ? Existe-t-il une culture de récompense ou de soutien à l'égard de l'innovation ? Dans quelle mesure les pratiques des ressources humaines favorisent-elles une culture de l'innovation ? Quels sont les efforts mis en œuvre pour renforcer les capacités du personnel en matière d'innovation ?
	Nouvelle capacité	Il est généralement admis que le ministère/l'agence de développement doit explorer de nouvelles voies pour faire face aux enjeux du développement. Un nouvel environnement permet de cerner et gérer le risque associé à la nouveauté – les nouvelles idées ne sont pas rejetées de façon prématurée. En matière d'innovation, des récompenses et des incitations sont prévues pour le personnel comme pour les partenaires. Des investissements à l'appui des capacités d'innovation sont prévus pour certains membres du personnel chargés de l'innovation.	
	Pratique établie	On considère que le ministère/l'agence de développement stimule et soutient les idées et approches innovantes émanant de sources diverses, internes et externes. Dans les domaines stratégique, technique et opérationnel, les membres du personnel et les partenaires s'estiment en mesure de tester de nouvelles idées. L'évaluation et la gestion du risque obéissent à une approche systématique. La capacité d'innovation est considérée comme une compétence essentielle pour le personnel, et donne lieu à des investissements proportionnés dans des démarches d'apprentissage formelles et informelles.	
Mise en évidence des problèmes	Premières applications	Dans le cadre de l'initiative relative à l'innovation au service du développement, on s'emploie à instaurer une concertation avec des collègues en interne, les parties prenantes et partenaires actuels au sujet des axes d'amélioration potentiels et dans le but de déterminer où l'innovation serait la plus utile.	Comment les problèmes, besoins et possibilités liés à l'innovation sont-ils recensés ? Qui est mobilisé et de quelle manière ? Comment les utilisateurs finaux et les acteurs nationaux et locaux sont-ils associés à la détermination des besoins et des possibilités ? Comment les processus de recherche, d'apprentissage et de consultation sont-ils mis en œuvre à l'appui de la détermination des besoins, des possibilités et des priorités ? De quelle manière le ministère/l'agence de développement développe-t-il/elle ses connaissances et ses capacités s'agissant de différentes technologies (ex. : technologies numériques, de pointe, etc.) ?
	Nouvelle capacité	Dans le cadre du programme relatif à l'innovation au service du développement, on recherche activement des retours d'informations sur les possibilités et les défis auprès d'un large éventail de parties prenantes, en particulier auprès des utilisateurs finaux et d'autres acteurs des pays en développement, ces informations étant systématiquement analysées en vue de faire émerger de nouvelles idées. Le rôle de la recherche est important pour mieux connaître les problèmes et les difficultés. Des efforts d'apprentissage axés sur les technologies sont en cours, même s'il est admis que la technologie ne suffit pas à elle seule à impulser le changement.	
	Pratique établie	La démarche d'innovation s'appuie sur des processus créatifs bien établis et fondés sur des données factuelles permettant de découvrir et d'explorer des idées et des méthodes nouvelles. Des méthodes et technologies inédites, comme l'immersion, les contributions participatives et les techniques d'exploration de textes, sont mises à contribution pour élargir les connaissances. Une large place est accordée à la recherche, à la fois pour mieux comprendre l'expérience des utilisateurs finaux, pour analyser les défis de longue date en matière de développement, pour étudier le potentiel des nouvelles idées, méthodes et technologies, mais aussi pour catalyser une réflexion inédite.	

	Question	Niveau	Description
Questionnement et remise en question	Dans quelle mesure le ministère/l'agence de développement favorise-t-il/elle la remise en question des procédures opérationnelles standards et soutient-il/elle les alternatives proposées, à l'intérieur comme à l'extérieur des frontières institutionnelles ? (demande de nouveauté)	Premières applications	Il est de plus en plus admis que des alternatives viables aux méthodes de travail actuelles existent, et on s'efforce de cerner les atouts et les faiblesses de chacune d'entre elles.
	De quelle manière les membres du personnel, les partenaires et les parties prenantes au sens large sont-ils encouragés à étoffer leurs connaissances et à aller au-delà des idées et méthodes existantes ? (apport de nouveauté)	Nouvelle capacité	Le ministère/l'agence de développement encourage les membres de son personnel à évaluer les limites de leurs connaissances et de leur pratique et à chercher des possibilités de les enrichir. On s'accorde à reconnaître l'intérêt qu'il y a à « désapprendre », en se détournant des connaissances, des pratiques et des modes de réflexion qui ne sont pas valables ni pertinents dans des contextes différents ou lorsqu'ils sont appliqués à des problèmes et défis nouveaux.
	De quelle manière les pratiques existantes peuvent-elles être ou ont-elles été changées à la suite des efforts visant à mettre l'innovation au service du développement ?	Pratique établie	Le ministère/l'agence de développement et les partenaires concernés, à travers l'initiative relative à l'innovation au service du développement et plus généralement, se penchent régulièrement sur les enseignements qui se dégagent des efforts en cours et s'appuient sur cette réflexion pour remettre en question les hypothèses et les pratiques en vigueur. Les membres du personnel du ministère/de l'agence de développement et des principaux partenaires d'innovation sont incités à se montrer ouverts aux nouvelles idées et réflexions d'où qu'elles viennent, et à s'employer à prendre en compte les possibilités et perspectives qu'elles offrent pour les programmes, stratégies et procédures. La remise en question utile et constructive du statu quo est de plus en plus encouragée et favorisée.
Production d'idées et élaboration de propositions — Recherche systématique d'idées et de solutions	Comment le ministère/l'agence de développement s'y prend-il/elle pour rechercher de nouvelles idées et solutions face aux enjeux du développement ?	Premières applications	L'initiative relative à l'innovation au service du développement dans son ensemble et les partenaires concernés commencent à voir que d'autres organisations et secteurs recourent à des stratégies différentes mais pertinentes pour faire face aux enjeux du développement et de l'action humanitaire.
	Comment le ministère/l'agence de développement s'y prend-il/elle pour repérer les innovateurs et les innovations, en interne et à l'extérieur ?	Nouvelle capacité	Des efforts soutenus sont déployés pour nouer un dialogue avec des personnes et des équipes internes et externes qui mènent des travaux innovants, et prendre du temps pour comprendre ce qu'ils font et comment ils le font, en repérant en quoi leur approche est différente et quels enseignements peuvent en être tirés en vue d'une application plus large.
	Quelles sont les ressources mobilisées au profit de la recherche systématique de solutions ? Par quel moyen le ministère/l'agence de développement collabore-t-il/elle avec les acteurs nationaux et locaux pour trouver de nouvelles idées et propositions ?	Pratique établie	Le ministère/l'agence de développement et les partenaires mettent à profit les réseaux, la recherche et d'autres ressources pour repérer les principaux défis et les hiérarchiser, mais aussi pour rechercher de manière systématique des stratégies et des solutions potentielles. De réels efforts sont déployés afin de s'entourer de personnes et d'équipes provenant de différentes organisations, secteurs, territoires/pays, susceptibles d'être sources d'idées innovantes, de repérer des solutions différentes fondées sur leur pratique, et de soutenir les efforts d'innovation.

		Statut	Description
Conception des propositions de nouvelles approches	Quel usage le ministère/l'agence de développement et ses partenaires font-ils du prototypage, de la conception centrée sur l'humain et sur l'utilisateur (*design thinking*), etc. pour produire et tester de nouvelles idées dans des contextes de développement et d'action humanitaire ? Qui est associé aux processus d'élaboration des nouvelles approches, et de quelle manière ? De quelle manière les processus de développement associent-ils les utilisateurs finaux et les parties prenantes des pays en développement ?	Premières applications	Les membres du personnel et des partenaires associés aux efforts d'innovation au service du développement entre autres savent dans quelle mesure la conception des processus et des approches peut servir à faire naître de nouvelles idées et à étudier comment elles pourraient fonctionner en pratique.
		Nouvelle capacité	Le ministère/l'agence de développement utilise de plus en plus des processus de conception et de gestion de l'innovation qui permettent aux parties prenantes internes et externes de visualiser un produit ou service, afin de repérer les perspectives et défis potentiels. Ces processus sont utilisés pour expliquer ou tester des approches données avec des collègues, des partenaires et des utilisateurs. On s'emploie activement à créer des prototypes dans des contextes de développement et d'action humanitaire.
		Pratique établie	Des prototypes sont réalisés régulièrement avec un large éventail de parties prenantes, dont le personnel en interne, les utilisateurs finaux et les pays partenaires en développement, afin d'élaborer de nouveaux produits, services et processus internes et de recueillir des informations sur la faisabilité, la pertinence et l'intérêt potentiel. Les membres du personnel et les partenaires savent comment perfectionner et améliorer les prototypes afin de faire face à des problématiques nouvelles, renforcer l'impact potentiel et adapter l'échelle.
Mise en œuvre et évaluation et projets et des propositions	Mises à l'essai et expérimentations Comment les nouvelles idées sont-elles appliquées et testées dans le contexte des programmes d'innovation ? Quels méthodes et outils de gestion de l'innovation sont utilisés ? Comment l'innovation est-elle gérée en tant que processus global (de bout en bout) ?	Premières applications	Le ministère/l'agence de développement est au fait du processus de gestion des innovations dans la sphère du développement et de l'action humanitaire. Les efforts d'innovation mobilisent différents types d'approches par étape. L'importance d'un démarrage à petite échelle et de l'apprentissage systématique pour démontrer l'intérêt potentiel est reconnue.
		Nouvelle capacité	Les divers compétences, processus, partenaires et ressources nécessaires aux différentes étapes du processus de mise à l'essai et d'expérimentation de l'innovation sont connus. Il est admis que les essais doivent être conçus en mettant l'accent sur la visibilité et en cherchant à susciter l'adhésion. Un échec ne porte pas automatiquement un coup fatal à une idée, mais peut être considéré comme une incitation à redoubler d'efforts.
		Pratique établie	Les processus d'essais visent à apprécier la viabilité globale et la durabilité des nouvelles idées sur le long terme. Le ministère/l'agence de développement facilite le recours à des modes de financement souples et des approches évolutives de la programmation pour traverser la « vallée de la mort ». Les essais sont considérés comme un élément essentiel de la culture de l'expérimentation en général.

Tests, évaluations et apprentissage	Quelle est la place de l'évaluation, de la recherche et de l'apprentissage dans le processus d'innovation ? Quels sont les types d'outils et méthodes de recherche et d'apprentissage utilisés tout au long du cycle d'innovation pour démontrer la base factuelle des solutions innovantes proposées ?	Premières applications	On cerne mieux dans quelle mesure les essais et expérimentations permettent de déterminer ce qui fonctionne ou non. Les incidences en termes de ressources sont mieux prises en compte et les premiers investissements à l'appui du suivi et de l'évaluation sont réalisés parallèlement aux investissements dans l'innovation.
		Nouvelle capacité	Le ministère/l'agence de développement veille à ce que les programmes et projets d'innovation prévoient des ressources et des délais suffisants ainsi qu'une combinaison de méthodes d'essai et d'évaluation, aux différents stades du cycle de vie d'un projet ou service. Il est largement admis que les essais portent davantage leurs fruits lorsqu'ils s'accompagnent d'une évaluation continue de l'impact et d'une capacité à rectifier le tir au fil de l'eau.
	Dans quelle mesure les données factuelles sont-elles utilisées pour plaider en faveur de la poursuite des investissements et pour justifier la mise à l'échelle des innovations concluantes ?	Pratique établie	Le ministère/l'agence de développement s'emploie à promouvoir les évaluations à grande échelle et une réflexion systématique axée sur l'évaluation comme une capacité essentielle à l'appui de l'innovation. On observe que diverses méthodes (tests A/B, essais randomisés, commentaires des utilisateurs et réflexion systémique) sont mises à profit pour obtenir des informations sur ce qui fonctionne, pourquoi et dans quelles circonstances. L'innovation est étayée par une démarche d'amélioration continue.
Diffusion, adoption et mise à l'échelle des méthodes	Comment les résultats des dernières innovations sont-ils diffusés et défendus au sein du ministère/de l'agence de développement ?	Premières applications	Des efforts sont déployés pour diffuser les résultats de l'innovation au-delà des équipes ayant effectué les tests et des premiers utilisateurs. Les possibilités d'appliquer des innovations données à de nouveaux contextes qui s'y prêtent sont spontanément étudiées. Cela étant, l'acceptation d'une innovation donnée tient en grande partie aux réseaux personnels et au hasard.
	Existe-t-il des processus et des démarches bien établis pour communiquer sur les réussites et les échecs en matière d'innovation ?	Nouvelle capacité	Des travaux sont en cours pour établir des groupes de testeurs volontaires qui partageront leur expérience et donneront lieu à de nouvelles applications et de nouveaux résultats. Les soutiens et champions potentiels sont informés des efforts en cours, et contribuent activement à présenter des arguments en faveur de nouveaux investissements et changements. Les projets à effets rapides sont repérés grâce aux données factuelles et aux processus d'apprentissage.
	Dans quelle mesure les cadres et équipes techniques et opérationnels sont-ils associés aux résultats des efforts d'innovation ? Que font les membres de l'équipe de direction et les managers pour faire en sorte que l'institution accorde de l'attention à l'innovation et assure un apprentissage en la matière ?	Pratique établie	Le ministère/l'agence de développement s'efforce d'utiliser les résultats des processus d'innovation. Il existe des mécanismes et des processus approuvés pour évaluer la viabilité d'innovations données. Il existe des processus bien définis pour présenter et évaluer des innovations données et en approuver une large utilisation. Il existe des manifestations et des processus établis pour faire connaître des innovations en particulier et l'innovation en général.

	Question	Niveau	Description
Adoption, application, évolution des systèmes	Dans quelle mesure le ministère/l'agence de développement soutient-il/elle et investit-il/elle dans le déploiement des innovations à grande échelle ?	Premières applications	Le ministère/l'agence de développement expérimente toute une série d'approches pertinentes susceptibles de servir à la mise à l'échelle d'une innovation donnée. Les innovateurs sont invités à prendre en compte l'adoption et la mise à l'échelle dès le début du processus d'innovation. Il s'agit notamment d'envisager selon quelles modalités les méthodes peuvent être intégrées dans le programme du ministère/de l'agence de développement.
	Quels sont les modèles et outils utilisés par le personnel et les partenaires à l'appui du déploiement à grande échelle ?	Nouvelle capacité	Le ministère/l'agence de développement est au fait des incidences de l'adoption et de la mise à l'échelle sur les pratiques et processus en place et s'efforce de trouver des moyens de faciliter l'adoption et la mise à l'échelle dès les premières étapes des processus d'innovation. On s'efforce de mettre en œuvre des approches innovantes lors de l'élaboration des programmes.
	Dans quelle mesure les compétences et capacités nécessaires à la mise à l'échelle et à l'adoption sont-elles soutenues et renforcées ?	Pratique établie	Des dispositifs et modèles économiques spécifiques de mise à l'échelle sont établis et approuvés par le ministère/l'agence de développement, et les compétences, capacités et relations nécessaires sont en place pour en faciliter la mise en œuvre. Des processus visant à formuler et diffuser des arguments en faveur d'une large adoption de certaines innovations testées sont en place. L'innovation est une considération majeure prise en compte tout au long du cycle du programme.
Organisation et collaboration au service de l'innovation	Gestion du portefeuille d'innovation et apprentissage		
	Comment le portefeuille global d'innovation est-il examiné et géré ? Comment les différents types et niveaux d'innovation sont-ils examinés (ex. : incrémentielle, radicale, etc.) ?	Premières applications	Il est admis qu'il est nécessaire d'examiner l'ensemble du portefeuille d'innovation pour déterminer les progrès accomplis et définir les priorités. Quelques travaux sont menés de manière transversale. L'apprentissage actif concerne tous les secteurs, thèmes et objectifs.
	Le portefeuille est-il stratégique et cohérent, et comment la cohérence globale est-elle gérée ?	Nouvelle capacité	Une revue des différents portefeuilles et des sessions de réflexion transversales a lieu régulièrement dans l'objectif d'examiner les efforts en cours et d'en dégager des enseignements, mais aussi de partager les bonnes pratiques et les leçons des différents projets.
	Comment fonctionne l'apprentissage transversal, et avec quels résultats ?	Pratique établie	Il existe des processus de planification stratégique, de conception et de modernisation axés sur la stratégie globale du portefeuille d'innovations. Des travaux sont en cours afin de définir les priorités, d'assurer la cohérence des résultats, et d'attribuer les ressources des nouveaux cycles et possibilités de financement. On s'emploie à rationaliser, combiner et intégrer les efforts menés dans le cadre des activités d'innovation du ministère/de l'agence de développement. Des travaux sont en cours en vue d'harmoniser les indicateurs de performance et de regrouper les données de suivi de l'ensemble du portefeuille à l'aide d'un système de gestion de l'information partagé.

		Premières applications	Il est admis que la collaboration, en interne et avec d'autres acteurs, peut augmenter les chances de réussite et ménager un espace sûr pour examiner les idées et poser des questions. Il existe un début de collaboration sur des questions liées à l'innovation entre les différents secteurs de l'institution, mais aussi avec d'autres donneurs, et acteurs traditionnels et nouveaux du développement. Le plus souvent, les réseaux utilisés pour atteindre les objectifs sont davantage fondés sur la confiance personnelle que sur des dispositifs institutionnels.
Réseaux, collaborations et partenariats	Comment fonctionne la collaboration à l'appui de l'innovation au sein du ministère/de l'agence de développement ? Quels acteurs sont associés aux programmes d'innovation, et selon quelles modalités ? Quel est le rôle précis des utilisateurs finaux et des acteurs nationaux et locaux ? Comment la finalité et les objectifs des activités de collaboration en matière d'innovation sont-ils co-définis, et quels en sont les avantages ?	Nouvelle capacité	Le personnel et les partenaires ont recours à des réseaux et groupes de travail multipartites pour obtenir des résultats. Il y a entraide mutuelle entre pairs au-delà des cloisonnements structurels. Des dispositifs formels de collaboration, dont des accords de partenariat, sont établis et reconnus. On considère de plus en plus l'innovation ouverte comme un élément essentiel de l'effort d'innovation, et le ministère/l'agence de développement s'emploie à la promouvoir auprès de ses partenaires, des bénéficiaires de dons et des autres donneurs. On considère qu'il importe d'élaborer une vision, un discours et des messages que toutes les parties prenantes à l'effort d'innovation partagent et s'approprient, et une partie des efforts vont dans ce sens.
	Quels efforts les acteurs du développement et de l'humanitaire consentent-ils en matière d'innovation ouverte ? Dans quelle mesure les accords conclus avec les partenaires d'exécution favorisent-ils, voire encouragent-ils, l'innovation ? Comment les partenariats d'innovation sont-ils élaborés sur le plan théorique, conçus et mis en œuvre ?	Pratique établie	La collaboration est un principe fondamental dans tout le ministère/toute l'agence de développement. Toute une série de dispositifs de collaboration interne et extérieure, assortis de fonctions et attributions claires en termes d'objectifs institutionnels, sont à l'œuvre. Certains visent à développer des capacités de collaboration au sein du ministère/de l'agence de développement, quand d'autres sont précisément ciblés. Il est courant de mettre en commun les ressources humaines et matérielles afin de favoriser un sentiment d'adhésion et l'exécution conjointe des initiatives, programmes ou projets d'innovation. Des protocoles bien établis de négociation et d'élaboration de partenariats multipartites à l'appui de l'innovation sont en place.

Annexe B. Apprentissage entre pairs : étude de cas par pays

Étude de cas : L'Australie

En 2019, l'OCDE a organisé un exercice d'apprentissage entre pairs axée sur l'innovation dans le domaine du développement et de l'action humanitaire, destinée à aider les pays membres à œuvrer à la transformation de leurs activités et de leur impact. La mission d'apprentissage entre pairs qui s'est déroulée à Canberra (Australie) en novembre 2019 s'est concentrée sur le ministère australien des Affaires étrangères et du Commerce (*Department of Foreign Affairs and Trade*, DFAT), ses agents et ses partenaires. L'équipe de facilitateurs se composait de représentants de la France, de la Nouvelle-Zélande et du Secrétariat de l'Observatoire OCDE de l'innovation dans le secteur public (OPSI).

Au sein du DFAT, la stratégie d'innovation se décline à différents niveaux :

- au niveau de l'administration dans son ensemble (programme *Australia Innovates*)
- au niveau de l'ensemble du ministère (comme énoncé dans le livre blanc de 2017 intitulé « *Opportunity, Security, Strength* »)
- au niveau du programme « InnovationXchange » (iXc) (la stratégie d'innovation du DFAT pour 2018-21 et le programme d'apprentissage qui s'y rapporte)
- par domaine technologique (ex. : la cybersécurité ou les technologies à l'appui du développement)
- par intervention (ex. : un effort d'innovation particulier sous forme d'une série d'interventions)
- par expérimentation spécifique (ex. : un projet pilote donné destiné à tester de nouvelles approches).

On observe une bonne cohérence entre les messages et les principes de ces différents niveaux. La stratégie d'innovation formulée dans le cadre du programme iXc est particulièrement convaincante par ses théories et hypothèses relatives à la contribution de l'innovation au changement institutionnel et par la place faite à la question des capacités (qui a inspiré certains travaux de l'OCDE, notamment le présent exercice).

Un nouveau discours général se dessine, qui reprend les différents fils directeurs de l'innovation évoqués dans le livre blanc de 2017 :

- des technologies nouvelles et adaptées
- des modèles économiques et financiers nouveaux et adaptés
- de nouveaux partenariats, collaborations et relations
- des méthodes de travail et processus internes nouveaux et améliorés.

Enseignements relatifs à la culture, aux capacités et à l'état d'esprit

Les moteurs de l'innovation, à savoir la transformation des pratiques et des effets produits, sont bien compris et semblent ouvrir l'espace nécessaire pour l'innovation. La propension à prendre des risques face à des approches nouvelles ou expérimentales varie considérablement selon les équipes, les unités, de fonctions, les ambassades et les partenaires.

Des activités convaincantes sont réalisées dans le cadre du programme iXc pour renforcer les capacités d'innovation. Les agents chargés des aspects techniques (dans des domaines comme la santé, l'action humanitaire et la gouvernance) et ceux davantage axés sur les processus (stratégie, évaluation et résultats) ont en commun un intérêt marqué pour le renforcement des compétences liées à des processus et des dispositifs d'innovation précis (ex. : organiser un challenge, servir d'intermédiaire dans la négociation de partenariats d'innovation) et des compétences générales (ex. : faire preuve de plus d'inventivité au sujet des challenges existants, appréhender et surmonter des problèmes complexes).

Au sein des équipes et des unités chargées des marchés, de l'efficacité du développement et de l'apprentissage, par exemple, on observe un dynamisme et un enthousiasme sans faille à l'égard de l'innovation, et des travaux prometteurs sont en cours pour créer un espace et des possibilités par l'intermédiaire d'essais dans le domaine de la conception et des achats.

Enseignements relatifs à l'organisation

Au cours de son existence, le programme iXc a été considéré tour à tour comme le maître d'œuvre, le champion et le catalyseur de l'innovation. Le passage du rôle « vertical » d'exécuteur des programmes et projets d'innovation à celui, plus « horizontal », de catalyseur des efforts d'innovation des autres est une transition majeure et ce nouveau rôle est essentiel dans la trajectoire future de l'innovation.

Les agents du DFAT saluent le rôle de transformateur, facilitateur et prestataire de capacités et de savoir-faire du programme iXc. Sur la durée, l'investissement dans iXc porte ses fruits et devrait être pleinement exploité par le DFAT dans son ensemble, tant dans le contexte de la nouvelle politique en matière d'aide que dans l'action globale en matière d'affaires étrangères et de commerce. On peut y voir une analogie avec la fonction de ressources humaines : si les ressources humaines sont l'affaire de l'ensemble du personnel, il est toutefois nécessaire de disposer d'une équipe centrale pour assurer le soutien, administrer et guider les activités. De même, si l'innovation appartient à tout le monde, iXc a un rôle important à jouer pour renforcer l'organisation, les capacités et la culture de l'innovation.

Enseignements relatifs à la collaboration au service de l'innovation

Le DFAT, iXc et les écosystèmes australien et mondial d'innovation au service du développement entretiennent des relations de qualité et ouvertes, qui permettent de mobiliser l'expertise du secteur privé, des compétences universitaires et spécialisées, d'autres donneurs ou d'autres organismes publics et réseaux d'innovation australiens. Il est particulièrement appréciable de constater qu'un nombre non négligeable d'innovateurs individuels ont reçu un soutien de la part d'iXc ainsi que des ressources connexes.

Enseignements relatifs au processus d'innovation

Le programme d'innovation dans son ensemble a adopté une approche avisée et systématique de sa théorie du changement, inspirée de la stratégie pour 2018-21. On peut saluer la place accordée par la stratégie d'innovation globale d'iXc aux tests, à l'évaluation et à l'apprentissage. Rares sont les donneurs à avoir examiné leurs travaux d'innovation aussi souvent et avec autant de cohérence que le DFAT.

Au sein du DFAT dans son ensemble, on note une réelle volonté d'imaginer des solutions inventives à des problèmes extérieurs ou internes. Une grande part des travaux informels sont le fait d'individus internes ou externes à l'organisation, qui mettent à profit leur expérience personnelle d'un problème particulier et aspirent à trouver des solutions inédites.

Au-delà de l'accent mis sur l'inventivité au service de l'innovation, de nouvelles possibilités d'intégrer l'innovation dans les processus de proposition de programme se dessinent. Les activités d'innovation du DFAT se sont montrées particulièrement efficaces pour mettre en place une série de projets pilotes ingénieux à petite échelle, destinés à relever un certain nombre de défis du développement, dans des pays donnés, mais aussi au sein du ministère même, en lien avec des processus organisationnels internes. Certains de ces projets ont été portés à l'échelle régionale, notamment dans la sphère du numérique et des applications relatives aux données personnelles de santé. Un certain nombre de programmes menés à plus grande échelle ont un fonctionnement des plus expérimental en ce qui concerne leurs relations de collaboration, leur mode de fonctionnement et leurs réalisations.

Fort des travaux menés dans le cadre de l'initiative iXc et de leur influence sur le reste du ministère – mais aussi, plus largement, de l'intérêt de l'administration australienne pour l'innovation et de l'importance qu'elle revêt à ses yeux – le DFAT a renforcé sa capacité à communiquer sur ses réussites en matière d'innovation, en interne comme à l'extérieur. Il est particulièrement intéressant de noter que les travaux du DFAT ont attiré l'attention en remportant des prix d'innovation. Il est évident que les innovations en matière de développement attisent l'imagination du service public australien dans son ensemble.

Implicitement, en particulier au sein d'iXc et parmi les principaux collaborateurs du DFAT, on est parfaitement conscients de la diversité des chemins possibles vers la mise à l'échelle – une idée peut être reprise dans un programme donné ou au sein du DFAT, ou par une administration partenaire, ou commercialisée par le secteur privé, ou encore répliquée grâce à l'*open source*, etc. Bon nombre des personnes interrogées ou rencontrées en entretien estiment que le rôle du DFAT consiste à tracer le chemin, et à guider les innovateurs sur la voie de la mise à l'échelle, et, parfois, à reconfigurer les conditions-cadres ou l'« écosystème de l'innovation ».

Étude de cas : La France

Contexte

En 2019, l'OCDE a organisé un exercice d'apprentissage entre pairs axée sur l'innovation dans le domaine du développement et de l'action humanitaire, destinée à aider les pays membres à œuvrer à la transformation de leurs activités et de leur impact. La mission d'apprentissage entre pairs qui s'est déroulée à Paris en juillet 2019 a porté sur le personnel et les partenaires du ministère des Affaires étrangères et de l'Agence française de développement (AFD). L'équipe de facilitateurs se composait de représentants de la Suisse, du Royaume-Uni et du Secrétariat du Comité d'aide au développement (CAD) de l'OCDE.

Enseignements relatifs à la stratégie, à la direction et au management

Au sein du ministère de l'Europe et des Affaires étrangères, les objectifs en matière d'innovation sont inspirés par le sentiment que les affaires étrangères doivent s'ouvrir davantage, se montrer plus inventives et plus à l'aise avec les technologies. Ces idées ont été formulées par ceux qui sont en prise directe avec les problématiques de l'innovation – à savoir l'équipe d'innovation, ou des unités spécialisées comme le cabinet de l'ambassadeur pour le numérique.

L'innovation est un phénomène très nouveau au sein du ministère de l'Europe et des Affaires étrangères, qui se caractérise par quelques points forts et un certain nombre de belles réussites dans des domaines comme le développement, la santé, les innovations financières et la recherche agricole. À l'AFD, la volonté de mettre l'innovation au service du développement est au centre d'efforts concertés et diligents. En d'autres termes, une toute jeune stratégie s'est muée en une impressionnante logique de start-up. L'innovation a été officiellement inscrite au programme de l'AFD en 2017. Un ensemble cohérent de messages, une adhésion sans faille de la hiérarchie et une équipe énergique et motivée ont permis de réaliser rapidement de réelles avancées.

Enseignements relatifs à la culture, aux capacités et à l'état d'esprit

Au sein du ministère de l'Europe et des Affaires étrangères, les approches innovantes de la diplomatie ont le vent en poupe et renforcent le discours général sur l'innovation au service du développement. L'innovation s'inscrit dans le cadre des activités de promotion et d'influence du ministère.

Au sein de l'AFD, l'innovation attise l'imagination et la créativité de la direction et est considérée comme une voie d'avenir pour l'agence. Certains éléments témoignent d'une réflexion enthousiaste, qualifiée et critique de l'agence elle-même sur la question de l'innovation. On observe également une réelle volonté de développer les capacités du personnel par des formations formelles et des activités de tutorat, ciblées à la fois sur les bénéficiaires de fonds pour l'innovation dans le cadre du programme Intrapreneuriat, et sur ceux intéressés par l'innovation et la conception en général.

Enseignements relatifs à l'organisation

Au sein du ministère de l'Europe et des Affaires étrangères, l'équipe chargée de la politique de développement se concentre sur différents aspects de l'innovation en jouant à la fois un rôle d'incitation au niveau international, un rôle de facilitateur indépendant au niveau de l'écosystème et un rôle plus direct de catalyseur de certains changements précis.

À l'AFD, l'unité innovation joue un rôle actif en nouant des relations avec des services internes et des innovateurs dans les services centraux ou les bureaux locaux dans les pays. Elle compose également un portefeuille varié en termes de domaines thématiques et de ciblage des efforts.

Enseignements relatifs à la collaboration au service de l'innovation

Un travail considérable est réalisé au sein du ministère pour promouvoir les innovateurs de l'écosystème français et les mettre en relation avec des acteurs des pays en développement, et pour soutenir des écosystèmes précis dans les pays en développement. Il s'agit de nouer des relations avec des décideurs ; de concevoir des manifestations ou ateliers ciblés destinés à susciter de nouveaux partenariats internationaux ; d'organiser des missions pour sensibiliser les innovateurs, chercheurs et entreprises aux nouvelles possibilités ; de mettre des personnes, institutions et entreprises en relation avec des partenaires internationaux ; et de faire office de portail international au service du système d'innovation français.

À l'AFD, les activités de collaboration jouent un rôle fondamental et sont axées sur des processus d'innovation et des partenaires potentiels précis afin de faire avancer les nouvelles idées.

Enseignements relatifs au processus d'innovation

Le ministère de l'Europe et des Affaires étrangères s'attache, dans différents secteurs, à cerner les systèmes d'innovation, à repérer les éléments favorables ou les freins à la mise en œuvre d'approches inédites, et à en informer les organismes concernés. Le ministère s'emploie à développer à plus grande échelle des idées, relevant pour la plupart de la sphère numérique et émanant de l'écosystème d'innovation français, susceptibles de présenter un intérêt pour les pays en développement. Des travaux sont en cours pour développer, co-développer ou repérer des ressources externes qui permettront de nouer ou d'élargir des collaborations prometteuses et de trouver des moyens d'accélérer les processus d'innovation. Le ministère cherche également les meilleurs moyens de soutenir la commercialisation de la recherche et de constituer des partenariats internationaux de nature à ouvrir des perspectives mondiales aux idées innovantes.

L'AFD déploie diverses approches pour repérer les problèmes et déterminer la solution la plus efficace à leur apporter. Certaines de ces approches relèvent d'une compétition interne et externe avec l'objectif clairement affiché de repérer et d'exploiter les meilleures idées. Les exemples sont nombreux de collaboration avec des utilisateurs finaux et de nouvelles parties prenantes – notamment des quartiers défavorisés, des municipalités ou des organisations du secteur privé dans les pays en développement. L'AFD dispose de pratiques bien établies pour concevoir des programmes pilotes et obtenir l'adhésion et la participation de toute l'organisation. Cela suppose de définir étape par étape un processus clair à l'appui des efforts d'innovation afin de montrer comment une idée de départ peut finir par avoir un réel impact sur l'organisation.

Étude de cas : Le Royaume-Uni

Contexte

En 2019, l'OCDE a organisé un exercice d'apprentissage entre pairs axée sur l'innovation dans le domaine du développement et de l'action humanitaire, destinée à aider les pays membres à œuvrer à la transformation de leurs activités et de leur impact. La mission qui s'est déroulée à Londres en juillet 2019 s'est concentrée sur les agents et les partenaires du ministère du Développement international (*Department for International Development*, DFID). L'équipe de facilitateurs se composait de représentants de l'Australie, de l'Autriche et de la France.

Enseignements relatifs à la stratégie, à la direction et au management

Plusieurs discours sur l'innovation coexistent et, comme les autres domaines de travail du DFID, les efforts d'innovation obéissent à une logique très décentralisée.

Une plus grande clarté autour de la manière dont les questions d'innovation remontent et sont tranchées aux échelons supérieurs du ministère serait un bon moyen d'améliorer la gouvernance de l'innovation.

L'encadrement intermédiaire, de même que les équipes et unités dédiées, affichent un soutien et un enthousiasme sans faille vis-à-vis de l'innovation au service du développement.

Enseignements relatifs à la culture, aux capacités et à l'état d'esprit

Certains aspects de la culture institutionnelle du DFID sont favorables à l'innovation au service du développement. Les agents animés de l'esprit d'entreprendre ont la possibilité de satisfaire leur envie profonde de participer à l'action humanitaire et au développement international, notamment en trouvant des solutions inventives et inédites à des problèmes de longue date.

Au sein du DFID prévaut une culture fondée sur l'ouverture d'esprit et largement assise sur des données factuelles, qui encourage le questionnement à tous les niveaux. Elle est favorisée par les travaux du ministère sur le management « adaptatif » et la possibilité offerte aux agents de mettre à profit les structures de soutien afin de gagner en souplesse dans la conception et la mise en œuvre des programmes.

Une grande part des agents partisans de l'innovation sont convaincus que celle-ci offre de nombreuses possibilités d'améliorer les pratiques et les résultats dans le domaine du développement et de l'action humanitaire. En interne, les programmes comprenant un volet innovation sont largement partagés et salués, et entretiennent l'intérêt pour l'innovation.

Les fonctions opérationnelles – conformité, affaires juridiques, achats – favorisent l'innovation en ce sens qu'elles impliquent des relations informelles et de confiance entre des innovateurs potentiels et les agents concernés. Il faudrait s'appuyer sur les bonnes pratiques informelles pour ajuster systématiquement les structures, les processus et les procédures.

Enseignements relatifs à l'organisation

Au sein du DFID, l'innovation obéit à un ensemble de logiques éclatées et dispersées mises en œuvre par la Division de la recherche et des données, l'équipe chargée des capacités en matière d'innovation et de nouvelles politiques au sein de la Division des politiques publiques, les bureaux dans les pays et les cadres techniques.

Elle se décline en grandes thématiques de développement (le climat, l'égalité hommes-femmes…) suivant des structures semblables, qu'il conviendrait d'intégrer pleinement, contrairement aux capacités ou objectifs institutionnels de base (comme la stratégie, l'optimisation des ressources ou la redevabilité). En interne, le jeu des alliances personnelles est décisif pour unifier les activités et en assurer la cohérence.

Enseignements relatifs à la collaboration au service de l'innovation

Si le secteur privé est un partenaire de choix, des activités sont menées en collaboration avec d'autres partenaires comme la société civile, les Nations Unies et les institutions financières internationales.

On note une prise de conscience de la nécessité d'élaborer des modèles économiques adaptés pour mettre au point, tester et mettre à l'échelle des innovations efficaces, et des travaux sont en cours pour établir des partenariats public-privé à l'appui de l'innovation.

Le DFID fait figure d'exemple en matière de coopération avec d'autres donneurs au service de l'innovation, par exemple en collaborant sur des fonds d'encouragements communs, en définissant de nouveaux principes dans des domaines comme le numérique, en s'engageant dans de nouveaux domaines se prêtant à l'innovation comme l'inclusion des personnes handicapées ou la lutte contre l'esclavage moderne.

Enseignements relatifs au processus d'innovation

Le DFID est efficace dans la production d'idées et la conception de programmes et de projets. Le personnel chargé des programmes, de la recherche et des activités de conseil dispose d'excellentes compétences techniques et le ministère accorde une grande importance à la qualité des processus de conception fondés sur des données factuelles. Bon nombre des programmes d'innovation sont financés par la Division de la recherche et des données. Les conseillers de cette Division auraient beaucoup à gagner à repérer les possibilités d'innovation en s'inspirant des méthodes des entreprises, à rechercher des pistes d'action possibles et à exploiter les données factuelles pour plaider en faveur d'un soutien aux démarches d'innovation. Les problèmes en matière d'innovation sont diagnostiqués de façon efficace grâce à des « programmes exemplaires » d'innovation au niveau national.

La mentalité et l'état d'esprit attendus pour réaliser des essais et des expérimentations sont bel et bien présents au sein du DFID. Le ministère soutient ces activités de diverses manières, moyennant un management capable de s'adapter, une souplesse institutionnelle et des processus de gestion de l'innovation.

Il est possible d'améliorer encore les processus de gouvernance de l'innovation des différents services du DFID, et de clarifier la répartition des rôles et responsabilités afin de développer les capacités internes d'innovations du ministère et ses investissements dans différentes formes d'innovation qui permettront de progresser sur le plan du développement.

Le DFID dispose d'un système efficace de tests, d'évaluation et d'apprentissage. Dans son rôle de donneur, il affiche une culture des données qui, même si elle n'est pas parfaite, est relativement solide. Il lui faut innover dans le suivi, l'évaluation et l'apprentissage afin de créer les conditions les plus favorables à l'innovation, ce qui implique de compléter les activités de suivi, d'évaluation et d'apprentissage réalisées *ex ante* et *ex post* par des stratégies de recherche davantage axées sur l'opérationnel, favorisant une prise de décision et un apprentissage en temps réel et en continu.

Si le ministère coopère largement avec d'autres donneurs, la société civile britannique, le secteur privé, des universités et des intermédiaires de l'innovation, force est de constater qu'il risque de perdre de vue ou de négliger le rôle des acteurs des pays en développement.

Étude de cas : La Suède

Contexte

En 2019, l'OCDE a organisé un exercice d'apprentissage entre pairs axée sur l'innovation dans le domaine du développement et de l'action humanitaire, destinée à aider les pays membres à œuvrer à la transformation de leurs activités et de leur impact. La mission d'apprentissage entre pairs qui s'est déroulée à Stockholm en octobre 2019 a porté sur le personnel et les partenaires du ministère des Affaires étrangères et de l'Agence suédoise de coopération internationale au développement (SIDA). L'équipe de facilitateurs se composait de représentants du Canada, de l'Islande, des Pays-Bas et du Secrétariat du Comité d'aide au développement (CAD) de l'OCDE.

Enseignements relatifs à la stratégie, à la direction et au management

La Suède se classe dans le peloton de tête des bailleurs de fonds pour l'innovation. Par l'intermédiaire de SIDA, elle participe à de nombreux efforts conjoints visant à faire de l'innovation au service du développement un bien public mondial, comme le Fonds mondial pour l'innovation, les initiatives menées dans le cadre des « grands défis » et les activités d'innovation sectorielles dans le domaine de l'énergie et de la santé. Elle joue également un rôle important de pionnier sur un certain nombre d'innovations porteuses de transformations en matière de développement (apports en numéraire, microfinance, nouveaux vaccins…).

Au niveau de la direction, il existe une vision de ce que l'innovation peut représenter, qu'il s'agisse de transformer les efforts en faveur des Objectifs de développement durable des Nations Unies, ou de soutenir les écosystèmes nationaux de l'innovation en vue de favoriser un développement véritablement pris en main au niveau local. Dans l'ensemble du ministère et de SIDA, l'innovation est envisagée de manière positive et avec optimisme, un sentiment partagé par d'autres acteurs publics de l'écosystème suédois de l'innovation.

Enseignements relatifs à la culture, aux capacités et à l'état d'esprit

SIDA et le ministère des Affaires étrangères sont dotés d'une culture ouverte et souple, de nature à ménager un espace à l'innovation, et se montrent réceptifs à de nouvelles modalités et capacités, comme un management agile, capable de s'adapter et propice à l'innovation.

En interne – comme dans l'ensemble de la communauté des donneurs et des acteurs du développement – SIDA est perçue comme une organisation ouverte aux idées et aux principes de l'« organisation apprenante ».

Au sein de SIDA et du ministère des Affaires étrangères, l'innovation fait la fierté des membres du personnel. Et ce sentiment ne se limite pas aux innovations sur lesquelles ils ont travaillé directement ; en effet, on constate qu'un réel sentiment de réussite collective est associé aux efforts d'innovation.

Enseignements relatifs à l'organisation

En interne, une série de dispositifs et d'activités soutiennent l'innovation, dont un portefeuille de projets de recherche, des fonds d'encouragement, et des initiatives spécifiques comme Power Africa.

Les exemples sont nombreux d'agents, dans le domaine du développement et de l'action humanitaire au sein du ministère ou de SIDA, ayant su concrétiser leur passion pour l'innovation – certains dans le domaine technologique (utilisation de l'énergie solaire dans les camps de réfugiés), d'autres dans le domaine social (recours aux approches comportementales pour favoriser l'émancipation économique des femmes).

En outre, l'environnement est particulièrement favorable, que ce soit en interne, où priment la souplesse, l'efficacité et la volonté de mieux faire, ou à l'extérieur, grâce au paysage suédois de l'innovation et au large soutien politique dont bénéficie l'innovation en Suède.

Le renforcement des capacités d'innovation se déroule de façon informelle et implicite, s'appuyant sur des réseaux sociaux ou sur le parcours personnel de formation des agents.

Enseignements relatifs à la collaboration au service de l'innovation

Dans le contexte des fonds d'encouragement, le secteur privé est qualifié de « partenaire de choix » par les personnes interrogées. SIDA est également le partenaire naturel des universités et des chercheurs eu égard à sa culture de la réflexion.

Le système d'aide suédois est particulièrement porté sur la collaboration avec d'autres donneurs. Bon nombre des activités à grande échelle trouvent leur origine dans la collaboration avec d'autres acteurs : le Fonds mondial pour l'innovation, Power Africa et les fonds d'encouragement.

En outre, nombre de programmes d'innovation parallèles mobilisent les mêmes partenaires, de sorte qu'il serait possible de fédérer les partenaires au sein du portefeuille global.

Enseignements relatifs au processus d'innovation

Dès les premières initiatives spécifiquement tournées vers l'innovation, des efforts ont été faits pour collaborer avec des parties prenantes suédoises, étrangères et internationales (secteur privé, société civile, ou autres donneurs) afin de s'inspirer de leurs idées.

Lorsqu'il s'agit d'élaborer des solutions innovantes à des problèmes de développement ou d'ordre humanitaire, on observe, tant au ministère des Affaires étrangères qu'à SIDA, une volonté croissante d'être davantage à l'écoute d'autres parties prenantes, notamment dans l'ensemble de l'écosystème suédois de l'innovation.

Le « Lab » de SIDA est une récente création prometteuse qui recèle le potentiel de faire avancer un certain nombre de ces chantiers. Il a en particulier vocation à faire office de structure de soutien pour des initiatives innovantes comme de nouvelles modalités ou formes de coopération au sein de SIDA, y compris pour les ambassades, qui peuvent solliciter des fonds et des conseils techniques. Priorité est donnée aux initiatives susceptibles d'accélérer la mise en œuvre du Programme 2030, notamment celles qui mettent l'accent sur l'expérimentation, la co-création et l'apprentissage en continu auprès des partenaires.

Sur la scène extérieure, SIDA et le ministère des Affaires étrangères intègrent certains aspects des écosystèmes de l'innovation dans leurs travaux ; ils investissent ainsi dans des dispositifs de recherche en Afrique, ou sur toutes les composantes de l'innovation dans un pays comme le Rwanda : programmes de développement, investissements dans la recherche, investissements du secteur privé, bourses de doctorat et programmes de renforcement des capacités numériques.